# FIÈVRE ÉLECTORALE À POMPÉI

KARL-WILHELM WEEBER

# FIÈVRE ÉLECTORALE
# À
# POMPÉI

*Traduit de l'allemand par Hélène Feydy*

LES BELLES LETTRES

PARIS

2011

*Pour consulter notre catalogue*
*et être informé de nos nouveautés :*
*www.lesbelleslettres.com*


Titre original :
*Wahlkampf im Alten Rom*

© 2007 Patmos Verlag GmbH & Co KG, Düsseldorf


© *2011, pour la traduction française*
*Société d'édition Les Belles Lettres*
*95, boulevard Raspail, 75006 Paris*
*www.lesbelleslettres.com*

*ISBN : 978-2-251-44416-1*

# Introduction

« Toute ta ville paraît obsédée par les élections. C'est pire qu'à Rome. » Tel est le commentaire de *l'aquarius* (« inspecteur des eaux »), cité par Robert Harris dans son best-seller *Pompéi*, lorsque, à l'occasion de sa première visite de la cité du Vésuve, il découvre avec étonnement le grand nombre de slogans électoraux présents sur les murs peints de rouge et de noir. Aujourd'hui, le touriste se promenant sur la large via dell'Abbondanza peut avoir la même impression.

Au sein de Pompéi ensevelie et maintenant mise au jour, les *dipinti*, ou inscriptions peintes, tracés à grands coups de pinceau sur la plupart des murs de maisons, représentent quelque chose d'unique, qui n'a été conservé qu'ici, mis à l'abri pendant presque deux mille ans par la pluie de cendres qui figea d'un seul coup cette cité provinciale de Campanie, léguant aux générations futures un fascinant instantané de sa vie privée et publique. Quelques inscriptions provenant d'autres villes suggèrent fortement que la campagne électorale « se déchaînant » sur les murs ne fut pas une spécificité de Pompéi. Dans diverses villes du monde romain, les façades, elles aussi, étaient recouvertes d'annonces électorales dans les endroits les plus fréquentés. On suppose généralement que cela valait également pour Rome, du moins à l'époque de la République, quand il y avait encore de vraies élections et qu'on se livrait par moments des batailles électorales acharnées. Il est cependant impossible de le démontrer formellement.

Il s'agit de circonstances vraiment très particulières : nous sommes témoins, avec un décalage de deux mille ans, de campagnes électorales « vivantes » et nous voyons comment des personnes seules et des familles, des associations professionnelles et des voisins interviennent dans une campagne électorale intense et étonnamment loyale. La cité tout entière s'ingère dans la campagne communale ; même les femmes, qui n'ont aucun droit de vote actif ni passif, s'engagent et prennent position. Un événement tout à fait exceptionnel pour le monde romain ! Certes, les femmes n'ont pas non plus le droit de vote à Pompéi, mais personne ne leur interdit de s'exprimer politiquement et d'apporter leur poids dans la campagne électorale. Pour être plus précis : dans les campagnes électorales des dernières années de Pompéi ; car les premières annonces électorales « signées » par des femmes apparaissent dans la période postérieure au grand tremblement de terre de l'année 62, date après laquelle Pompéi n'allait plus exister que dix-sept ans.

Un observateur contemporain trouverait que la campagne électorale communale au pied du Vésuve offre un parallèle étonnant avec la « grande politique » de la Rome du Ier siècle avant J.-C. : alors que la campagne était, à quelques détails près, dépourvue de substance et se passait de déclarations programmatiques, l'essentiel résidait dans la personnalité du candidat et de son caractère, non dans ses idées politiques. À Rome, comme à Pompéi et ailleurs, régnait une forme extrême d'élection personnelle. Il n'y avait pas de partis au sens moderne du terme, chaque candidat ne pouvait d'abord compter que sur lui-même et devait rechercher des assistants de campagne les meilleurs possibles en nombre et en qualité. Nous sommes informés sur les mœurs politiques en vigueur dans la Rome du Ier siècle avant J.-C. par un petit manuel de campagne électorale qui nous a été transmis sous le nom de Quintus Tullius, frère cadet du célèbre orateur et homme politique Cicéron. On y trouve, en ce qui concerne les déclarations de contenu, des correspondances frappantes avec les annonces électorales pompéiennes : surtout pas d'engagement politique ferme, surtout pas de programmes susceptibles de faire fuir les électeurs potentiels…

Et c'est bien vrai ! Les « programmes électoraux » pompéiens, comme on les appelle parfois en référence au terme technique gréco-latin *programma* (« annonce », « avis public »), sont en général dépourvus de dramaturgie. Cependant, malgré leur caractère répétitif, ils sont passionnants tant comme source historique que comme miroir de la vie politique dans une ville romaine. En outre, ils nous livrent des informations authentiques sur la mentalité politique des Romains.

Nulle part ailleurs les murs antiques ne sont aussi fascinants qu'à Pompéi. Nous l'avons montré pour le domaine des graffitis dans un volume précédent, *Decius était ici*. Que le *Decius* en soit maintenant à sa 4e édition montre bien que l'éditeur n'est pas le seul à prendre plaisir à ces témoignages merveilleusement vivants de la vie quotidienne romaine. Le petit livre présenté ici se comprend comme une sorte de supplément : *Les murs informent,* 2e partie. Certes, une matière moins attirante – cependant des documents uniques et précieux, qui méritent, eux aussi, d'être largement divulgués. Tout simplement pour que les visiteurs de Pompéi puissent, sur place, mieux comprendre désormais pourquoi « toute la ville semblait obsédée par les élections ».

« À Pompéi, c'est difficile ! »

Pas de morosité politique
dans la gestion autonome locale

*Panem et circenses*, « Du pain et des jeux! »,
voilà ce que voulait dorénavant le peuple romain,
se dessaisissant par là de ses droits politiques,
déplore le poète Juvénal. Cette formule de déri-
sion a exercé une telle influence qu'elle a fini
par devenir proverbiale. Elle semble désigner un
système de mise en tutelle politique installé par
Auguste, premier empereur romain, et repris par
ses successeurs. Cependant, comme toutes les
formules brèves à l'emporte-pièce, la théorie « du
pain et des jeux » déforme la réalité historique.
Dans les faits, celle-ci est bien plus complexe,
plus riche en présupposés et plus difficile à saisir.
Il existait bien d'autres modes de formation de la
volonté politique qui s'exprimaient publiquement

– même à Rome, là où s'élaborait la grande
politique. N'empêche que la formule est loin
d'être fausse. Lors des élections « à l'échelle de
l'Empire », l'empereur faisait toujours en sorte
qu'elles soient « justes », autrement dit qu'elles
aillent dans son sens. Les fonctionnaires élus
se trouvaient, en ce qui concerne leur pouvoir
politique, totalement dans son ombre. Dans de
telles conditions, on peut comprendre qu'il n'y
ait pas eu, pour l'électorat, d'incitation particulière à un engagement politique actif politique
au sein de ces structures figées.

Il en va tout autrement dans les deux mille
villes de l'Imperium romain. Elles avaient droit
à l'autonomie locale – et les citoyens, du moins
les Pompéiens, savaient en tirer le meilleur
parti. Le système politique communal était très
éloigné d'une démocratie au sens occidental
moderne du terme. L'institution politique la
plus puissante était l'*ordo decurionum*, la curie
municipale. L'ordre décurional reproduisait,
en un certain sens, le sénat romain. Sa légitima-
tion démocratique était, du point de vue actuel,
contestable. En effet, pour entrer dans cet
illustre cercle – *ordo sanctus* est-il appelé dans
plusieurs inscriptions, « classe honorable » –, et
faire partie des cent décurions, il suffisait de
payer un « droit d'entrée » fixé d'avance (*hono-
rarium*). C'était politiquement voulu ainsi : la

responsabilité des destins d'une ville incombait aux *honoratiores*, la classe supérieure aisée. C'est d'ailleurs elle qui avait le plus à perdre quand l'approvisionnement en céréales de la commune ne fonctionnait pas bien et que le peuple grondait.

Une autre partie des magistrats entrait cependant par des élections à la curie municipale, bien que de manière indirecte. Après leur période d'exercice, les fonctionnaires élus par le « peuple » (*populus*), la totalité des citoyens masculins libres de la ville, devenaient membres du sénat local. De la morosité politique à Pompéi ? Que non ! Bien au contraire, il y avait l'entrée en scène des candidats devant le public, les discours, les prises d'influence sur les électeurs sous forme de « jeux », généreusement financés, pour le théâtre et l'amphithéâtre, à l'instar d'autres formes de la campagne électorale. Par ailleurs, celle-ci était essentiellement caractérisée par le nombre considérable d'annonces électorales, qui, partout dans la ville, incitaient à donner sa voix à l'un ou l'autre des candidats, ou aussi à des « coalitions » de candidats bien définies.

Des noms inscrits en grandes lettres, tracés à larges coups de pinceau en rouge ou en noir, faisaient la promotion des favoris respectifs d'un soutien, le cas échéant d'un groupe de soutien.

Le terme de *rogator(es)*, qui, au sens littéral, signifie « ceux qui réclament et recommandent les candidats », désignait en fait les commanditaires de cette publicité électorale, et leurs « affiches » sont appelées *tituli picti* ou « inscriptions peintes ». Les caractères « peints » pouvaient atteindre jusqu'à 60 cm de haut ; généralement les peintres se contentaient d'une vingtaine de centimètres pour le nom du candidat. Les autres parties du *dipinto* – telle est la désignation italienne de cette « peinture » électorale – étaient le plus souvent inscrites en plus petit.

Des chiffres impressionnants attestent l'intensité de la campagne. En tout, environ 2 800 *dipinti* ont été répertoriés. Au début des fouilles cependant, aux XVIIIe et XIXe siècles, il y en avait beaucoup plus, mais, faute de classification et de protection, seule une minorité « a survécu » – presque 3 000 quoi qu'il en soit. Plus de la moitié d'entre eux, environ 1 500 *dipinti*, datent de la campagne de l'année 79. Remarquable « bataille électorale », menée sur les façades pendant la dernière année d'existence de Pompéi ! Aucune trace de lassitude ! Ceux qui étaient vraiment trop « endormis » pour aller voter étaient réveillés sans ménagement par de nombreuses annonces, et invités – souvent nommément – à enfin « ouvrir les yeux » et à « se secouer » (cf. p. 76 *sq.*).

« Remerciement » inhabituel aux électeurs : « Paquius Proculus
a été élu duumvir par l'unanimité des habitants de Pompéi » ;
*dipinto* CIL IV 6406 a.

Le reste des *dipinti* conservés date, évidemment, de campagnes antérieures. D'habitude,
les murs étaient recouverts d'une couche de
badigeon après les élections, ce qui permettait
de créer des panneaux d'affichage vierges pour
la fois suivante ou d'utiliser l'espace mural
pour d'autres communications officielles.
Cependant ce n'était pas toujours le cas, sans
que l'on puisse savoir pourquoi. Souvent, les
archéologues réussirent à mettre au jour, en
décapant prudemment la couche supérieure,
des annonces électorales plus anciennes, exac-
tement comme aujourd'hui quand on découvre,
sous les affiches électorales ou les panneaux
publicitaires, une superposition de couches
plus anciennes issues de campagnes électorales
antérieures.
Ces annonces électorales plus anciennes
remontaient parfois jusqu'à la période républicaine et avaient donc plus de cent ans lorsque
la ville fut ensevelie. Comme elles datent de

la période entre 80 et 30 avant J.-C., on les appelle *programmata antiquissima*, « annonces électorales les plus anciennes » à la différence des *tituli recentiores*, les « *tituli* plus récents ».

Un programme de propagande aussi vaste a évidemment incité les historiens à dresser des listes des candidats les plus prometteurs et sans doute effectivement élus. Surgissent alors des noms, issus des grandes familles de la cité du Vésuve, se présentant avec des chances électorales à la mesure de leur influence, tandis que d'autres candidats sembleraient n'avoir été que de simples numéros. Mais tout de même ! Ils avaient aussi des partisans qui se démenaient pour eux et faisaient publiquement profession de foi en leur faveur.

Comment la campagne électorale se déroulait-elle ? La condition primordiale était que les candidats soient officiellement nommés et inscrits sur des listes officielles, les *professiones petentium*, « présentations officielles des candidatures ». Était autorisé à se présenter quiconque disposant du droit de vote actif. Tous les citoyens masculins, nés libres, âgés d'au moins trente ans jouissaient du droit de vote passif. C'est vraisemblablement à l'époque augustéenne que l'âge électoral passif fut abaissé à vingt-cinq ans.

Une fois les listes établies, la campagne électorale s'enflammait. Elle s'étendait sur plusieurs mois. Il s'agissait de se procurer le plus grand nombre possible de renforts électoraux et d'en rendre compte publiquement. Ceux qui étaient présents dans le paysage urbain par de nombreuses annonces électorales avaient un avantage. Cependant, le nom « affiché » comptait plus que le « contenu » de la consigne électorale, qui, dans la plupart des cas, était quasiment nul. L'ingérence dans la campagne électorale de façade était explicitement souhaitée. De façon étonnante, non pas seulement de la part des électeurs inscrits. Les femmes constituaient le principal groupe de pression intervenant dans la formation de l'opinion publique, sans avoir le droit de vote. C'est un phénomène d'un très grand intérêt sans que l'on puisse savoir s'il en est de même dans d'autres élections communales ou s'il représente un « Sonderweg » pompéien. En tout cas, cette participation politique de femmes à la veille des élections était une évolution récente, qui ne commença qu'après le tremblement de terre dévastateur de l'année 62.

Des mois durant, les *dipinti* électoraux dominaient le paysage urbain. Personne ne pouvait leur échapper ; les façades des maisons en étaient « ornées » partout où le trafic était intense. On se disputait les principales artères de circulation et les rues commerçantes. Toutes les équipes de campagne s'efforçaient d'atteindre un taux de présence particulièrement élevé, jusqu'en mars, date des élections, où l'on voyait bien qui avait fait la meilleure campagne. Après quoi, la fièvre électorale retombait pour quelques mois avant de s'emparer une fois encore de la ville, où les murs blanchis de frais étaient recouverts de nouveaux slogans.

Fait surprenant, voire agaçant dans la perspective d'aujourd'hui, mais vraiment fondamental pour la pensée politique de l'Antiquité, la durée du mandat électoral était limitée à un an. Le principe d'annualité constituait depuis des temps reculés une des lois d'airain de la limitation du pouvoir, ainsi que le principe de collégialité : l'élection de deux hommes à la même fonction empêchait toute velléité de bâtir un pouvoir personnel excessif. Quand on n'était en fonction qu'une année, on avait tout intérêt à coopérer étroitement avec le conseil communal et à ne pas risquer une épreuve de force inutile, dont on aurait eu à rendre compte après expiration de la magistrature.

À Pompéi, comme dans la plupart des autres villes de l'Empire romain, la compétition politique était axée sur deux magistratures, l'édilité et le duumvirat. Les deux édiles représentaient les élites de l'administration. La désignation officielle reprise en abrégé par certains *dipinti* électoraux était *aediles viis aedibus sacris publicis procurandis*, « magistrats chargés de s'occuper de l'état des routes ainsi que des édifices sacrés et publics ». Leurs fonctions consistaient en outre dans la police des marchés, l'approvisionnement de la ville en céréales (y compris le droit de prendre des mesures contre les spéculateurs) et l'organisation des « jeux » publics. Pour les assumer, les édiles disposaient de personnel auxiliaire en quantité suffisante, comprenant entre autres des *servi publici* ou « esclaves du service public ».

Les deux duumvirs avaient le pouvoir de donner des instructions ainsi que le droit, si nécessaire, d'abolir les décrets des édiles. Ils étaient officiellement appelés *duumviri* ou *duoviri iure dicundo*, « autorité constituée de deux magistrats chargés de dire le droit ». Cette compétence juridique se référait exclusivement aux débats de droit civil. Si l'on fait référence à l'organisation de l'État dans son ensemble, les « deux magistrats » étaient les consuls au niveau de la politique communale. Ils présidaient au conseil communal et avaient la responsabilité politique de l'exécution de ses résolutions. Leur parole avait cependant du poids quand, dans l'assemblée des décurions, on passait aux voix. Les duumvirs orientaient massivement les décisions politiques de la curie municipale, forts du mandat politique qu'ils avaient obtenu de la part des citoyens. Ils étaient les fonctionnaires éponymes de la ville, autrement dit l'année « locale » portait leur nom dans les documents et les décrets, tout comme, à une échelle supérieure, les consuls donnaient à l'année son « nom ». Tous les cinq ans, des candidats étaient pressentis pour cette magistrature, la plus haute et la plus prestigieuse du *cursus honorum* (« carrière des honneurs »). La tâche des *duumviri quinquennales*, « magistrats quinquennaux », était comparable à celle des censeurs romains : ils devaient éplucher les listes de citoyens pour y déceler les erreurs et faire de nouvelles inscriptions, répartir les habitants de Pompéi en classes de fortune et vérifier l'aptitude morale des membres de la curie municipale.

Les candidats au duumvirat devaient occuper la charge d'édile, considérée comme une instance probatoire pour des tâches supérieures. En règle générale, leur période d'essai politique en tant qu'édiles remontait à trois ou cinq ans. Un exercice renouvelé de la charge était permis, mais pas l'itération immédiate : elle aurait facilité la construction d'un pouvoir personnel et aboli le principe selon lequel le magistrat était responsable de la politique de l'année d'exercice écoulée. Quelques années plus tard cependant, les ex-duumvirs étaient libres de présenter à nouveau leur candidature au « consulat » de la politique communale. Un des poids lourds politiques de l'histoire de Pompéi fut Marcus Holconius Rufus. Il réussit à être élu duumvir cinq fois en tout. Certes, comme bien d'autres candidats, Marcus Holconius Rufus appartenait à l'establishment politique des puissantes familles pompéiennes, qui, tout au long des décennies, réussirent à garder en mains les rênes politiques de la cité du Vésuve. Ce n'est pas pour autant que Holconius Rufus ait pu se dispenser de rechercher un maximum de partisans susceptibles de se démener pour lui sur les façades de la ville.

Pour ce faire, nul besoin de qualification particulière, de formation rhétorique ni d'un style brillant. Il suffisait d'écrire le nom d'un candidat sur les murs, ou bien alors de le faire peindre par des professionnels de la publicité, si l'on ne voulait ou ne pouvait pas le faire soi-même. L'affichage de la profession de foi de celui qui était derrière l'annonce électorale n'était même pas nécessaire. Un *Casellinum aed(ilem)*, « Casellinus édile ! » (3427) ou *Holconium IIv(irum)*, « Holconius duumvir » ! (3430) ou aussi un double vœu tel que *Ceium IIvir(um) Helvium aed(ilem)*, « Ceius duumvir et Helvius édile ! » suffisait amplement.

Souvent, on ajoutait au moins un *oro vos faciatis*, « Je vous prie de voter pour Untel » – mais en règle générale sous l'abréviation courante *ovf*. Cet *ovf*. est un élément des annonces électorales tellement stéréotypé que, pour nos exemples, c'est la seule abréviation que nous n'avons pas décodée. Elle est suivie d'un point, car c'est une abréviation « non résolue » ; sinon, comme dans les *dipinti* originaux, nous avons renoncé à la ponctuation dans les textes latins.

*Dipinto* typique : « C.I.Polybius duumvir ! Je vous prie de voter pour lui ! » ; (*ovf*. est souvent écrit en ligature).

Même si elles n'étaient pas signées, les annonces électorales n'ont, de toute évidence, pas manqué de faire impression sur les électeurs. À elle seule, la fréquence d'affichages du nom d'un candidat était perçue comme un signal politique. Mais, bien sûr, les annonces où le soutien électoral apparaissait nommément eurent sans doute un poids prépondérant, à plus forte raison s'il s'agissait d'une personnalité reconnue ou si un groupe plus important – voisins ou association professionnelle – intervenait en faveur d'un candidat. De tels *dipinti* sont bien sûr largement plus significatifs que la « marchandise de masse » des annonces de soutien « sans soutien ». Voilà pourquoi ils sont au premier plan dans les chapitres qui vont suivre. Mais notre établissement du matériau ne devrait pas faire oublier que la majeure partie des *dipinti* électoraux est encore beaucoup plus modeste et sommaire que les annonces électorales réunies dans ce petit ouvrage.

L'impression d'uniformité et de monotonie qui se dégage des programmes électoraux pompéiens ne saurait être démentie, en dépit de la fascination que peuvent exercer des sources authentiques aussi fraîches. La multiplicité des soutiens, l'évidence avec laquelle tant d'individus et d'initiatives d'électeurs se sont engagés dans la campagne électorale fait incontestablement apparaître un phénomène important : dans le cadre des « règles du jeu » romaines, la démocratie fonctionnait parfaitement au niveau communal. L'engagement des citoyens – et citoyennes ! – était réel. Ils prenaient leurs devoirs politiques au sérieux et profitaient de leurs droits. À Pompéi, les candidats à un poste devaient se donner du mal ; y être élu n'était pas automatique.

Cicéron, du reste, le savait bien, comme en témoigne sa spirituelle remarque sur les modalités arbitraires du recrutement au Sénat pratiquées par ses partisans sous César. Alors qu'un certain Gaius Mallius lui demandait d'intervenir pour faciliter l'accession au corps des décurions à l'un de ses fils d'un premier lit, Cicéron, au milieu d'un cercle de badauds, répondit : *Romae, si vis, habebit, Pompeis difficile est* (Macrobe, *Saturnales*, II, 3, 11), « À Rome, si tu veux, ça marchera ; à Pompéi, c'est difficile ! »

## Du bon voisinage en politique

Vivre en paix avec ses chers voisins n'est pas évident. Que les voisins soient disposés à faire activement de la publicité pour le politicien d'à côté ou d'en face, l'est encore moins. Lorsque les *vicini*, ou « voisins », intervenaient dans la campagne électorale, un tel service politique de bon voisinage était donc d'une nature bien particulière et avait une valeur informative non négligeable pour les profanes. Ils pouvaient lire dans ces slogans que le candidat était un homme accommodant et populaire, très estimé des gens qui le connaissaient et le fréquentaient, et qu'il était considéré comme capable d'occuper un poste éminent. Quand les voisins certifiaient que quelqu'un était *dignus rei publicae*, « digne de gérer les affaires publiques », ils paraissaient plus crédibles que les assistants de campagne qui connaissaient

moins bien leur favori ou en étaient personnel-
lement *trop* proches.

En outre, les annonces des *vicini* avaient
pour rôle de mobiliser, lors des élections, la
plus grande partie possible du voisinage. Le
« quelqu'un de chez nous » a dû en influencer
plus d'un en faveur du candidat local, qui, issu
de son propre quartier, lui inspirait confiance.
L'appel à la solidarité et à la « cohésion » d'une
partie de la ville semble également être en
phase avec les annonces électorales que les
initiatives citoyennes d'un quartier de porte
faisaient mettre sur les murs. Les citoyens du
quartier de la « porta Saliniensis » faisaient de
la publicité pour un des « leurs » comme ceux
qui habitaient du côté de la « porta Urbulana ».
Le quartier du *forum* est également représenté ;
néanmoins, l'inscription fragmentaire ne nous
permet pas de dire quel est son candidat.

L'efficacité attribuée au soutien politique
de voisinage se reconnaît à la très forte densité
par endroits de l'affichage de proximité. Les
analyses de répartition des *dipinti* électoraux
indiquent, pour douze candidats au moins, un
nombre particulièrement élevé d'inscriptions
électorales en leur faveur dans leur voisinage,
et il ne faut pas oublier que les *vicini* étaient
rarement nommés *expressis verbis* comme assistants de campagne, mais qu'ils devaient mettre

au moins les murs de leurs maisons à la disposition de la publicité politique. Deux candidats eurent un soutien particulier dans leur
voisinage : Cerrinius Vatia, qui habitait dans la
6ᵉ *regio*, et y fut l'objet d'une publicité intense,
de même que Ceius Secundus, originaire de la
1ʳᵉ *regio*. Tout autour de sa maison, les murs le
désignaient comme un politicien très estimé de
ses voisins.

Cependant les modalités de répartition
ne sont pas toujours aussi nettes. En fait, des
*dipinti* de voisins furent également tracés dans
des rues fréquentées, où, à l'évidence, les candidats ne résidaient pas eux-mêmes. On trouvait
aussi des annonces de *vicini* dispersées sur tout
le territoire de la ville. Pour les bons connais-
seurs des milieux de la publicité électorale, cela
impliquait une motivation élevée et un engagement inhabituel du soutien électoral de voisinage – ce qui permettait d'évaluer la popularité
et le pouvoir de persuasion du candidat.

Pour quelques candidats, dont Lollius
Fuscus et Popidius Ampliatus, qui appartenaient à ce petit groupe, il apparaît un type
de répartition qui inspire plutôt la méfiance :
à proximité de leur maison d'habitation, il
ne se trouve aucune annonce de *vicini*, mais
seulement à quelque distance de là. Étaient-ils
des voisins si difficiles et si mal aimés que la

crédibilité d'annonces électorales dans leur quartier ait pu être mise en doute? Ou qu'il y ait eu des contestations à craindre?

Du reste, l'absence d'article dans la grammaire latine vaut aussi pour *vicini*. Autrement dit, impossible de savoir si un tel soutien électoral signifiait « *les* voisins » ou simplement « *des* voisins ». À la différence d'autres groupes de soutien, *tous* les voisins ne signaient jamais ensemble. Il est consolant d'apprendre que, même dans la Pompéi romaine, un monde de voisinage totalement protégé n'a sans doute jamais existé.

1    VATIAM AED(ILEM) VICINI

Vatia édile! Les voisins soutiennent sa
candidature.                              (443)*

2    L. CEIUM AED(ILEM) VICINI ROGANT

Lucius Ceius édile! Les voisins demandent
de voter pour lui.                        (7195)

3    CASELLINUM AED(ILEM) VICINI ROGANT

Casellinus édile! Les voisins demandent
de voter pour lui.                        (3666)

4    GAVIUM AED(ILEM) OVF. VICINI ROGANT

Gavius édile! Les voisins demandent de
voter pour lui.                           (3460)

5    TREBIUM ET GAVIUM AED(ILES) D(IGNOS)
     R(EI) P(UBLICAE) OVF. VICINI

Trebius et Gavius édiles! Ils sont dignes
de gérer les affaires publiques. Les voisins
(votent pour eux).                        (7927)

6    CN HELVIUM SABINUM VICINI FAC(IUNT)

Les voisins votent pour Gnaeus Helvius
Sabinus.                                  (852)

---

* Les nombres entre parenthèses renvoient à la classification
du *Corpus Inscriptionum Latinarum* (*CIL*), volume IV.

Plaque d'enduit provenant d'un mur recouvert d'annonces électorales de diverses campagnes électorales.

7 (HYP [?]) SAEUM QUINQ(UENNALEM)
D(IGNUM) R(EI) P(UBLICAE) VICINI VOLUNT

Hypsaeus quinquennal! Les voisins le
souhaitent. Il est digne de gérer les affaires
publiques. (193)

8 POLYBIUM AED(ILEM) VICINI CIVEM BONUM
FAC(IUNT)

Polybius édile! Les voisins votent pour lui.
C'est un bon citoyen. (7925)

9 P PAQUIUM PROCULUM (DU)UMVIRUM
I(URE) D(ICUNDO) VICINI CUPIDI FACIUNT

Publius Paquius Proculus duumvir i.d.! Les
voisins votent avec passion pour lui. (7197)

10 M LUCRETIUM FRONTONEM AED(ILEM)
VICINI ROGAMUS

Marcus Lucretius Fronto édile! Nous, les
voisins, nous demandons de voter pour
lui. (6625)

11 M CERRINIUM AED(ILEM) SALINIENSES
ROG(ANT)

Marcus Cerrinius édile! Les habitants du
quartier de la porta Saliniensis (« porte
du Sel »; aujourd'hui porta di Ercolano)
demandent de voter pour lui. (128)

12    M EPIDIUM SABINUM AED(ILEM)
       CAMPANIENSES ROG(ANT)

Marcus Epidius Sabinus édile ! Les habitants du quartier de la porta Campana
demandent de voter pour lui.        (470)

13    FORENSES ROG(ANT)

Les habitants du quartier du forum demandent de voter pour…        (783)

14    CN HELVIUM SABI(NUM) AED(ILEM) OVF.
       URBULANENSES ROG(ANT)

Gnaeus Helvius Sabinus édile ! Les habitants du quartier de la porta Urbulana
(aujourd'hui porta di Sarno) recommandent sa candidature.        (7747)

Lucius Ceius Secundus duumvir ! Les habitants du quartier
de la porta Urbulana recommandent sa candidature.

15  L. POPINIUM L(UCI) F(ILIUM) AMPLIATUM
V(IRUM) B(ONUM) AED(ILEM) D(IGNUM)
R(EI) P(UBLICAE) OVF. URBULANENSES
ROGAMUS

Popinius Ampliatus, fils de Lucius, édile!
C'est un honnête homme et il est digne de
gérer les affaires publiques. Nous, les habitants du quartier de la porta Urbulana, nous
recommandons sa candidature.          (7706)

« Les porteurs de sacs sollicitent… »

Boulangers, professeurs et compagnie
s'engagent dans la campagne

Quel tollé aujourd'hui si des associations
professionnelles s'engageaient directement dans
une bataille électorale, recommandant tel parti
ou tel candidat! Qu'elles le fassent sans cesse,
subrepticement, par le biais du lobbyisme, avec
plus d'efficacité qu'en prenant ouvertement
parti, beaucoup ne le savent pas et, quoi qu'il
en soit, cela ne dérange personne. À Pompéi, il
en allait bien autrement – et à la vérité, à tous
égards.

Marchands de fruits et orfèvres, paysans et
muletiers sommaient ouvertement d'élire leur
candidat de confiance. Même les porteurs de
sacs – un groupe social nullement marginal
dans les transports de l'Antiquité ! – ainsi que

les teinturiers prenaient clairement position. Parfois, l'annonce électorale est appuyée avec vigueur, surtout quand elle porte l'adjonction *universi*, « tous ». Dans ces cas-là, il est peu probable qu'une association professionnelle dans son ensemble ait franchement pris position pour un soutien électoral après en avoir discuté dans une réunion interne.

Évidemment, de telles associations professionnelles (*collegia*) n'étaient pas comparables aux corporations médiévales ou aux corps de métier d'aujourd'hui. L'adhésion n'était pas obligatoire, et même la défense d'intérêts socio-professionnels était plutôt au second plan. Non seulement les propriétaires d'une entreprise pouvaient en être membres, mais aussi leurs employés. En tant que groupe de pression dans l'espace politique, les *collegia* ne jouaient aucun rôle. Beaucoup plus important était leur rôle social. Généralement, on se retrouvait une fois par mois dans un cercle d'amis et de connaissances pour une réunion informelle avec repas commun, le cas échéant dans le local de l'association, et c'était bien sûr l'occasion d'échanger idées, questions ou préoccupations concernant sa propre situation professionnelle. Le *collegium* offrait à beaucoup une sorte de second chez-soi. Les petits commerçants et les artisans ne jouissaient pas, dans la société romaine, d'une grande considération ; l'appartenance à une association et l'identité de groupe renforçaient la confiance en soi de l'individu isolé.

La plupart des associations professionnelles avaient un patron influent dont la position sociale jetait un peu d'éclat sur le *collegium* et qui l'aidait aussi dans un certain nombre d'affaires du quotidien. Quand un *collegium* entier faisait campagne pour un candidat, ce dernier devait souvent être le patron du « club » ou un de ses protégés. Il n'y a en effet aucune recommandation électorale soutenue expressément par un *collegium*.

Quant à l'attribution de certains *dipinti* à une association professionnelle du point de vue juridique, une prudence particulière est de mise chaque fois que manque l'adjonction *universi*. En effet, trois, quatre boulangers, ou quelques paysans étaient libres d'intervenir dans la campagne électorale en tant que *pistores* ou *agricolae*. Comme il n'y a pas d'article en latin, les passants ne devaient pas obligatoirement comprendre l'annonce électorale comme recommandation des boulangers ou des paysans, mais seulement comme prise de position de boulangers ou de paysans. Cette restriction s'applique aussi à notre traduction. Toutefois, elle traduit déjà la première impression que de telles annonces électorales de groupes professionnels faisaient sur les lecteurs.

Les *dipinti* du type *facite* représentent une variante assez habile pour amener un corps de métier dans le jeu électoral sans que celui-ci ait ouvertement à intervenir. Les marchands de fruits ou les cabaretiers par exemple sont appelés à élire un Vettius Firmus ou un Sallustius Capito. Cependant, rien ne nous dit que cela se fera et qu'il n'y a pas, en fait, derrière cette annonce, un autre marchand de fruits ou aubergiste.

À propos des cabaretiers. On peut sans doute supposer que dans les tavernes et les cabarets de Pompéi – il y en avait en grand nombre – le soir en buvant du vin, on ait parlé politique, avec plus ou moins de passion à l'approche des élections, et aussi que les clients aient été d'opinions plutôt divergentes. Il était d'autant plus courageux et osé qu'un cabaretier se déclarât ouvertement pour un candidat. Le marchand de vin Sabinus s'engagea aussi loin que la cabaretière Asellina et son personnel : les serveuses d'Asellina – et, comme il était d'usage dans cette branche, elles dispensaient aussi d'autres services – s'engagèrent explicitement en faveur de C. Lollius Fuscus. Elles firent inscrire au pinceau cette annonce électorale sur la façade de l'auberge.

Les professeurs prenaient-ils aussi part à la campagne électorale communale ? Mais bien sûr ! En effet, ils n'étaient pas soumis à la loi de la neutralité puisqu'il n'y avait que des écoles privées. Quelques-uns d'entre eux participaient donc à la « bataille » politique publicitaire. Que certains y aient entraîné leurs élèves laisse perplexe, du moins dans la perspective contemporaine. Cependant, que des annonces électorales de professeurs soient « agrémentées » d'énormes bourdes grammaticales laisse encore plus perplexe. Autant le professeur Saturninus que le professeur Valentinus sont intervenus *cum discentes suos* dans la campagne électorale, avec « leurs » élèves.

Ont-ils été vraiment d'un grand secours pour « leurs » candidats ?

16   M CERRINIUM POMARI(I) ROG(ANT)

Les marchands de fruits demandent de voter pour Marcus Cerrinius. (149)

17   M. HOLCONIUM PRISCUM AED(ILEM) POMARI(I) ROG(ANT)

Marcus Holconius Priscus édile! Les marchands de fruits demandent de voter pour lui. (206)

18   DUOS FRA(TRES). FELIX POMAR(IUS) ROG(AT)

Les deux frères! Le marchand de fruits Felix demande de voter pour eux. (7261)

19   M HOLCONIUM PRISCUM IIVIR(UM) I(URE) D(ICUNDO) POMARI(I) UNIVERSI CUM HELVIO VESTALE ROG(ANT)

Marcus Holconius Priscus duumvir i.d.! Les marchands de fruits à l'unanimité, en accord avec Helvius Vestalis, demandent de voter pour lui. (202)

Fac-similé du *dipinto* n° 19

20  L C S IIVIR(UM) FELICIO LUPINARIUS ROG(AT)

L. Ceius Secundus duumvir ! Le marchand de lupins Felicio demande de voter pour lui.     (3423)

21  PORCULUM AED(ILEM) FELICIO LUPINIPOLUS ROG(AT)

Porculus édile ! Le marchand de lupins Felicio demande de voter pour lui.     (3483)

22  NERUM AED(ILEM) OVF. UNGUENTARI (I) FACITE ROG(ANT)

Nerus édile ! Les marchands de parfums demandent de voter pour lui.     (601)

23  M HOLCONIUM PRISCUM C GAVIUM RUFUM II VIR(OS) PHOEBUS CUM EMPTORIBUS SUIS ROGAT

Marcus Holconius Priscus et Gaius Gavius Rufus duumvirs ! Phoebus recommande de voter pour eux, en accord avec ses clients.     (103)

24  M CASELLIUM MARCELLUM AED(ILEM) AGRICOLAE ROG(ANT)

Marcus Casellius Marcellus édile ! Les paysans demandent de voter pour lui. (490)

25    CASELLIUM VINDEMITORES AED(ILEM)
      ROG(ANT)

      Casellius édile! Les vignerons demandent
      de voter pour lui.                    (6672)

26    CN HELVIUM AED(ILEM) HERMES COLO CUM
      GALLINARIIS ROG(AT)

      Gnaeus Helvius édile! Hermes Colo
      demande de voter pour lui, en accord avec
      les gardiens de basse-cour.           (241)

27    C CUSPINUM PANSAM AED(ILEM) MULIONES
      UNIVERSI

      Gaius Cuspinus Pansa édile! Les mule-
      tiers à l'unanimité, en accord avec Agathus
      Vaius, recommandent sa candidature.  (97)

28    C IULIUM POLYBIUM IIVIR(UM) MULIONES
      ROG(ANT)

      Gaius Julius Polybius duumvir! Les mule-
      tiers demandent de voter pour lui. (113, 134)

29    M CERRINIUM VATIAM AED(ILEM)
      SACCARI(I) ROG(ANT)

      Marcus Cerrinius Vatia édile! Les porteurs
      de sacs demandent de voter pour lui.  (274)

30   A VETTIUM AED(ILEM) SACCARI(I)
     ROG(ANT)

Aulus Vettius édile! Les porteurs de sacs
demandent de voter pour lui.                    (497)

31   L. CEIUM (SECUND)UM IIV(IRUM) I(URE)
     D(ICUNDO) PRIMUS FULLO RO(GAT)

Lucius Ceius Secundus duumvir i.d.!
Primus le foulon demande de voter pour
lui.                                            (3478)

32   HOLCONIUM PRISCUM IIVIR(UM) FULLONES
     UNIVERSI ROG(ANT)

Holconius Priscus duumvir! Les foulons à
l'unanimité demandent de voter pour lui.
                                                (7164)

33   LOLLIUM AED(ILEM) OVF. TEGETARI(I)
     RO(GANT)

Lollius édile! Les nattiers demandent de
voter pour lui.                                 (7473)

34   HERENNIUM ET SUETTIUM AED(ILES)
     QUACTILIARI(I) ROGANT. D(IGNI) R(EI)
     P(UBLICAE)

Herennius et Suettius édiles! Les fabricants
de feutre votent pour eux. Ils sont dignes
de gérer les affaires publiques.                (7809)

35　CALVENTIUM IIV(IRUM) I(URE) D(ICUNDO)
　　INFECTORES ROG(ANT)

Calventius duumvir i.d.! Les teinturiers
demandent de voter pour lui. (7812)

36　POSTUMIUM PROCULUM AED(ILEM)
　　OFFECTORES ROG(ANT)

Postumius Proculus duumvir! Les foulons
à l'unanimité demandent de voter pour lui.
(864)

37　C HOLCONIUM IIV(IRUM) I(URE) D(ICUNDO)
　　LIGNARI(I)

Gaius Holconius duumvir i.d.! Les char-
pentiers (vous prient de voter pour lui).
(951)

38　I (?) TREBIUM AED(ILEM) TONSORES

Julius Trebius édile! Les coiffeurs recommandent sa candidature. (743)

39　TREBIUM AED(ILEM) OVF. CLIBANARI(I)
　　ROG(ANT)

Trebius édile! Les boulangers demandent
de voter pour lui. (677)

40   C IULIUM POLYBIUM IIVIR(UM) OVF.
MULTUM PISTORES ROGANT

Gaius Julius Polybius duumvir! Les pâtissiers recommandent en masse de voter pour lui.                                    (886)

41   CN HELVIUM SABINUM AED(ILEM) PISTORES
ROG(ANT) ET CUPIUNT CUM VICINIS

Gnaeus Helvius édile! Les boulangers recommandent de voter pour lui, en accord avec les voisins.                            (7273)

42   POPIDIUM RUFUM AED(ILEM) PISCICAPI
FAC(IUNT)

Popidius Rufus édile! Les pêcheurs votent pour lui.                                       (826)

43   (EPID [?]) IUM… SUETTIUM IIVIR(UM)…
CULINARI(I) ROGANT

Epidius Suettius duumvir! Les aides-cuisiniers demandent de voter pour lui.     (373)

44   SALLUSTIUM CAPITONEM AED(ILEM) OVF.
CAUPONES FACITE

Sallustius Capito édile! Cabaretiers, faites-le élire!                                      (336)

45   Q P P IUVENEM AED(ILEM) OVF. D(IGNUM)
     R(EI) P(UBLICAE). SABINUS ROG(AT) COPO

Le jeune homme Q P P édile! Il est digne
de gérer les affaires publiques. Le cabaretier Sabinus demande de voter pour lui.

(1048)

46   C LOLLIUM FUSCUM II VIR(UM)...
     ASELLINAS ROGANT NEC SINE ZMYRINA

Gaius Lollius Fuscus duumvir! Les
serveuses d'Asellina demandent de voter
pour lui, et Zmyrina se joint à elles.   (7863)

Fac-similé du *dipinto* n° 46

47   CN HELVIUM SABINUM AED(ILEM)... OVF.
     AEGLE ROGAT

Gnaeus Helvius Sabinus édile! (La
serveuse) Aegle demande de voter pour
lui.                                      (7862)

48   CEIUM SECUNDUM IIV(IRUM) I(URE)
     D(ICUNDO) ASELLINA ROGAT

Ceius Secundus duumvir i.d.! (La cabaretière) Asellina demande de voter pour lui.
(7873)

49   M EPIDIUM SABINUM D(UUMVIRUM)
     I(URE) D(ICUNDO) OVF. … SABINUS
     DISSIGNATOR CUM PLAUSU FACIT

Marcus Epidius Sabinus duumvir i.d.!
L'employé du théâtre Sabinus soutient
avec enthousiasme sa candidature.   (6438d)

50   SABINUM AED(ILEM) DISCENTES ROGANT

Sabinus édile! Les élèves demandent de
voter pour lui.                      (673)

51   C CUSPIUM PANSAM AED(ILEM) D(IGNUM)
     R(EI) P(UBLICAE) OVF.
     SATURNINUS CUM DISCENTES * ROG(AT)

Gaius Cuspius Pansa édile! Il est digne
de gérer les affaires publiques. Saturninus
demande de voter pour lui, en accord avec
son (ses) élève(s).                  (275)

* Accusatif au lieu de la forme correcte à l'ablatif discentibus.

52    CAPELLAM D(UUM) V(IRUM) I(URE)
      D(ICUNDO) OVF. VERNA CUM DISCENT(IBUS)
      ROGAT

**Capella duumvir i.d.! Verna demande de
voter pour lui, en accord avec ses élèves.**
(694)

53    SABINUM ET RUFUM AED(ILES) D(IGNOS)
      R(EI) P(UBLICAE) VALENTINUS CUM
      DISCENTES* SUOS ROG(AT)

**Sabinus et Rufus édiles! Valentinus
demande de voter pour eux, en accord avec
son (ses) élève(s). Ces deux candidats sont
dignes de gérer les affaires publiques.** (698)

*\* Accusatif au lieu de la forme correcte à l'ablatif discentibus.*

## Les femmes au pouvoir –
## du moins sur les murs

Beaucoup, en voyant ce slogan pour la première fois, se frotteront les yeux, étonnés : des femmes comme assistantes de campagne ? Quasi officiellement et sur les murs, aux yeux de tous ? Voilà qui semble, par nature, tout à fait étranger au monde romain. Effectivement : les femmes n'avaient, ni à Rome, ni dans d'autres villes, le droit de vote politique, actif ou passif. Et pas non plus à Pompéi, bien que la présence d'annonces électorales « féminines » ait pu parfois le laisser supposer. La révolution politique n'allait quand même pas aussi loin. Le pouvoir politique féminin ? Eh bien, il s'arrêtait aux façades.

Mais tout de même ! Il est assez surprenant de voir des femmes s'investir, avec leurs propres « messages », dans la campagne électorale

communale pompéienne. Bien des hommes
ont dû le ressentir comme une ingérence
dans un domaine qui leur était naturellement
réservé. Il se peut cependant que ces traditio-
nalistes aient été minoritaires. Si la publicité
électorale des femmes avait rencontré un large
front de rejet, le monde masculin romain aurait
eu beau jeu de mettre rapidement obstacle à
de telles innovations. Les décisions politiques
– et celle-là en particulier aurait bien été prise
par les fonctionnaires et le conseil communal –
restaient, comme toujours, l'affaire exclusive
des hommes.

Néanmoins, les *rogatrices* – forme féminine
(non attestée) des *rogatores* masculins, « soutiens
électoraux » – étaient en l'an 79, lorsque
Pompéi fut engloutie, probablement encore
un phénomène très récent. Dans les *dipinti* qui
vont jusqu'à l'année du tremblement de terre
en 62, il ne se trouve aucune annonce électorale de femme. Il ne s'agit pas là d'un simple
hasard. La réorientation de la pensée dans le
domaine de la publicité électorale n'a pas pu
être déclenchée par la catastrophe en tant que
telle. Sans doute y eut-il après le séisme, du fait
de l'arrivée de nouveaux colons, des transfor-
mations dans la structure de la citoyenneté, qui
entraîna peut-être une plus grande ouverture
et fit grandir la conviction que la campagne

électorale était l'affaire de la communauté tout entière, dont justement les femmes faisaient partie.

De telles convictions mettent du temps à se développer. Et certainement les femmes durent, elles aussi, commencer par s'habituer à leur nouveau « pouvoir » dans la campagne électorale. Ainsi s'explique le nombre relativement petit des 52 « *dipinti* de femmes », sur lesquels 54 Pompéiennes défendent 28 candidats – naturellement masculins. Rapporté au nombre total des quelque 2 800 *dipinti*, ce groupe de soutien ne représente qu'environ 2 %. En revanche, 21 % sont « signés » par des hommes, 5 % venant d'initiatives communautaires comme les groupements de voisins et les associations professionnelles. Pour le gros des 72 % des *dipinti*, aucun *rogator* n'apparaît nommément.

Le nouveau groupe des assistantes de campagne a-t-il modifié la forme et le contenu de la publicité politique ? Ce ne fut pas le cas, et ce n'est guère étonnant vu le court laps de temps « d'acclimatation ». Entre les *dipinti* de commanditaires féminins et masculins, il n'y avait pratiquement aucune différence ; si ce n'est que des gens mariés ou des couples pouvaient éventuellement faire leur publicité ensemble. Mais on restait toujours dans une

relation de *cum* : l'un des deux, en tant que
« chef publicitaire », et l'autre, en tant qu'associé. Cependant, certaines femmes ont réso-
lument saisi très tôt la position dominante dans
ce duo de campagne électorale sexuellement
mixte, en se posant comme acteur principal et
laissant à l'homme un rôle secondaire.

Une seule formulation sort du cadre stan-
dardisé courant. Les deux femmes employées
dans une boulangerie, qui soutinrent les candidats à l'édilité Casellius et Albucius, mani-
festent de l'enthousiasme pour leurs qualités
et commentent leur annonce électorale en
s'écriant : « De tels citoyens pour toujours
dans notre colonie ! ». Quiconque s'aviserait de
chercher un « ton féminin » ou « des contenus
féminins », « des programmes féminins », sera
amèrement déçu.

Nous ne connaissons guère les motivations
des divers assistants de campagne. Il n'en va
pas autrement pour les femmes qui prenaient
la parole en politique. Il s'agissait sans doute,
comme souvent pour les hommes, de relations personnelles avec les candidats. Les
candidats en lice étaient issus du cercle de
connaissances et d'amis de ces militantes, ou
bien celles-ci appartenaient à une famille qui
était dans un rapport de clientélisme avec un
patron politiquement ambitieux. Parfois aussi

entraient en vigueur des relations familiales. Dans son annonce électorale, Taedia Secunda se fait reconnaître comme *avia*, « grand-mère », du candidat pour lequel elle croise les doigts *cupiens*, « avec insistance », « souhaitant vivement » son succès électoral (7469).

Attendre de la part des rédactrices de ces annonces électorales des « sujets de femmes » spécifiques ou un ton féminin dans les *dipinti* serait illusoire – et aussi largement anachronique. Il fallait certainement déjà pas mal de courage et une bonne dose de confiance en soi, pour que des femmes osent désormais s'exprimer aussi en public. Il est bien connu que beaucoup ont œuvré derrière les portes closes dans ce sens, et que quelques femmes isolées de l'aristocratie ont, dans ce cadre-là, exercé, dès la période républicaine, une influence importante même à Rome sur la grande politique. Mais, pour la situation et la mentalité romaine, ce pas vers l'extérieur est un pas de taille ! On peut bien parler d'un changement de paradigme que nous pouvons constater par l'intermédiaire des *dipinti* dans les dernières « années d'existence » de Pompéi.

Et les hommes, comme il a été dit, y ont participé ! Ils ont sans doute accepté la publicité politique faite par les femmes, en réagissant tout au plus par un haussement d'épaules

ou une moue d'indifférence à cette nouvelle
« mode », sans pour autant manifester ouvertement méfiance ni hostilité. Sinon, les candidats élevés sur le bouclier de confiance par des
femmes via des slogans électoraux seraient
rapidement intervenus contre cette publicité
indésirable pour ne pas compromettre leurs
chances électorales.

De telles interventions sont cependant
attestées seulement dans deux cas. Pour deux
annonces électorales bien lisibles dans l'ensemble, les fouilleurs sont tombés sur l'apparente
énigme représentée par les noms d'assistants de
campagne recouverts de peinture. Un grattage
prudent de la couche de couleur révéla qu'ici
une Cuculla et une Zmyrina s'étaient engagées
pour C. Julius Polybius. Nous connaissons ces
deux assistantes de campagne par d'autres
inscriptions. Elles étaient employées comme
serveuses – c'est-à-dire, pour l'exprimer genti-
ment, comme femmes légères dans la taverne
d'Asellina. Ce milieu attirait évidemment
beaucoup d'hommes – et donc beaucoup
d'électeurs. Mais, d'après la loi, il était considéré comme « indécent ». Pour Polybius, le
meneur de campagne, on avait définitivement
atteint là les limites tolérables de l'émancipa-
tion. Le candidat fit sans doute immédiatement
recouvrir la partie des annonces électorales

qui pouvait le desservir – une approbation du mauvais bord est, en général, contre-productive. Il garda le reste – le slogan « Polybius duumvir ! » lui convenait parfaitement. Cette variante interlope de la *damnatio memoriae*, « condamnation du souvenir », n'est pas tellement surprenante : n'oublions pas que « censure » est un mot latin.

54 M. CERRINIUM AED(ILEM) POLLIA ROG

Marcus Cerrinius édile! Pollia demande
de voter pour lui. (368)

55 FUSCUM AED(ILEM) IPHIGENIA FACIT

Fuscus édile! Iphigénie vote pour lui. (457)

56 POPIDIUM SECUNDUM AED(ILEM) PHERUS A
ROG(AT)

Popidus Secundus édile! Pherusa demande
de voter pour lui. (7749)

57 TREBIUM ET GAVIUM AED(ILES) OVF. SICCIA
ROG(AT)

Trebius et Gavius édiles! Siccia demande
de voter pour eux. (9860)

58 C IULIUM IIVIR(UM) FABIA ROGAT OVF.
DIGNUS EST

Gaius Julius duumvir! Fabia demande de
voter pour lui. Il l'a mérité. (7189)

59 CASELLIUM AED(ILEM) ROG(AT) SECUNDE
OZOMENE UBIQ(UE)

Casellius édile! Secunde Ozomene demande
partout de voter pour lui. (343)

60 VEIENTONEM AED(ILEM) ASCLA ROG(AT)

Veiento édile! Ascla demande de voter
pour lui. (7288)

61 VIBIUM SEVERUM IIVIR(UM) I(URE)
D(ICUNDO) OVF. ASCLA ROG(AT)

Vibius Severus duumvir i.d.! Ascla demande
de voter pour lui. (7291)

62 C C S M IIVIR(UM) ASCLA ROG(AT)

Gaius C(alventius) S(ittius) M(agnus)
duumvir! Ascla demande de voter pour
lui. (7295)

63 M SAMELLIUM MODESTUM AED(ILEM)
EPIDIA NEC SINE COSMO (?) ROGAT

Marcus Samellius Modestus édile! Épidia
demande de voter pour lui, et Cosmus se
joint à elle. (6610)

64 POLYBIUM IIVIR(UM) LOLLIA CUM SUIS

Polybius duumvir! Lollia le soutient, en
accord avec sa famille. (1053)

65　CEIUM SECUNDUM IIVIR(UM) OVF. SUTORIA
　　PRIMIGENIA CUM SUIS ROG(AT) ASTYLE
　　DORMIS

Ceius Secundus duumvir! Sutoria Primigenia
demande de voter pour lui, en accord avec
toute sa famille. Astylus, tu dors!　　(7464)

66　CN HELVIUM SABINUM AED(ILEM) OVF. L
　　CEIUM SECUNDUM IIVIR(UM) OVF. RECEPTA
　　NEC SINE THALAMO

Gnaeus Helvius Sabinus édile et Lucius
Ceius Secundus duumvir! Recepta recommande de voter pour eux, et Thalamus se
joint à elle.　　(1083)

67　PUPIUM IIVIR(UM) I(URE) D(ICUNDO) OVF.
　　APPULEIA CUM MUSTIO VICINO
　　ET NARCISSUS VOS ROGA(NT)

Pupius duumvir i.d.! Appuleia, en accord
avec son voisin Mustius, demande de voter
pour lui, ainsi que Narcissus.　　(3527)

68 A VETTIUM FIRMUM AED(ILEM) OVF.
DIGNUS EST CAPRASIA CUM NYMPHIO
ROG(AT) UNA ET VICINI

Aulus Vettius Firmus édile! Il l'a mérité.
Caprasia, en accord avec Nymphius,
demande de voter pour lui; les voisins aussi
(vous le recommandent). (171)

69 L POPI(DIUM) S(ECUN)DUM AED(ILEM) OVF.
TAEDIA SECUNDA CUPIENS AVIA ROG(AT) ET
FECIT

Lucius Popidius Secundus édile! Sa grand-
mère Taedia Secunda le souhaite ardem-
ment, et c'est elle la commanditaire (du
*dipinto*). (7469)

70 P VEDIUM NUMMIANUM AED(ILEM)
HILARIO CUM SUA ROGAT

Publius Vedius Nummianus édile! Hilario,
en accord avec sa femme, demande de
voter pour lui. (913)

71 A TREBIUM VALENTEM AED(ILEM) CERIALIS
ACRATOPINON CUM CASSIA ROG(AT)

Aulus Trebius Valens édile! Cerialis
Acratopinon (nom parlant: « buvant du
vin pur ») vous demande de voter pour lui,
en accord avec Cassia. (7669)

72   M CASELLIUM ET L ALBUCIUM AED(ILES)
OVF. STATIA ET PETRONIA ROG(ANT) TALES
CIVES IN COLONIA IN PERPETUO

Marcus Casellius et Lucius Albucius
édiles! Statia et Petronia demandent de
voter pour eux. De tels citoyens pour
toujours dans notre colonie!          (3678)

73   C IULIUM POLYBIUM IIVIR(UM) CUCULLA*
ROG(AT)

Gaius Julius Polybius duumvir! Cuculla
demande de voter pour lui.          (7841)

*\* Le nom avait été recouvert d'une couche de badigeon; il fallut
enlever cette couche de blanc pour pouvoir le lire.*

74   C I P IIVIR(UM) I(URE) D(ICUNDO)
ZMYRINA* ROG(AT)

G(aius) *I(ulius)* P(olybius) duumvir i.d.!
Zmyrina demande de voter pour lui. (7864)

*\* Comme pour le numéro 73, le nom avait été recouvert d'une
couche de badigeon.*

## Prière de s'ingérer

## Salmigondis de soutiens électoraux

De la masse des annonces électorales « anonymes » se distinguent les *dipinti* dans lesquels une personne isolée ou des groupes se font reconnaître comme *rogator* ou bien *rogatores*, autrement dit comme assistants de campagne. Nous les avons regroupés dans les chapitres précédents en diverses catégories. Nous allons évoquer maintenant les soutiens qui n'entrent pas dans les rubriques précédemment étudiées. Voici un joyeux salmigondis d'initiatives électorales surprenantes, remarquables, parfois aussi un peu cocasses : tout d'abord les anciens esclaves, qui interviennent dans la formation de la volonté politique, puis les prêtres, et pour finir le conseil communal, qui, dans certaines annonces – mais seulement

dans un petit nombre – prend clairement position pour un candidat, et même dans un cas,
prétendument « en accord avec le peuple ».

Que des clients s'en mêlent n'est pas étonnant en principe. Bien au contraire, ils étaient
bien obligés de le faire en raison de leur proximité personnelle avec leur *patronus*, qui leur
apportait parfois un petit soutien matériel, et
qui, en tant qu'homme fort, reconnu sociale-
ment, défendait leurs intérêts devant les tribu-
naux ou dans des querelles extrajudiciaires. À
Rome, et sans doute aussi à Pompéi, les clients
se regroupaient autour de leur patron lors des
apparitions publiques de candidats électoraux.
Il apparaissait sur le Forum avec une suite
la plus nombreuse possible, qui démontrait
au public – et à lui-même – combien il était
important et combien on avait raison de voter
pour un personnage aussi éminent et influent.
Évidemment, il n'était pas tellement opportun
que des soutiens se fassent reconnaître comme
clients dans des annonces électorales. Comme
tout le monde partait du principe qu'ils étaient
le réservoir électoral « naturel » pour leur
*patronus*, ces « exercices obligatoires » avaient
une force de conviction nettement moindre.
C'est pourquoi, la plupart des clients n'ont
sans doute pas dévoilé leurs intentions pour les
*dipinti* électoraux.

Un homme dont le nom de « Porculus » n'est guère évocateur d'autorité demande tout autant la parole que les amateurs de combats de gladiateurs. La force avec laquelle l'ensemble de la citoyenneté s'engageait à la veille des élections se traduit par des formules qui recouvrent des groupes de sympathisants très larges : là, « le peuple » fait campagne pour Lucius Popidius, et ailleurs les « colons et habitants » de Pompéi, c'est-à-dire des gens, avec et sans droit civique, font campagne pour un certain Gaius Ateius Capito. Il est bon pour la crédibilité de l'annonce électorale qu'ils n'aient pas ajouté en plus *universi*, « tous ».

75 L CEIUM SECUNDUM AED(ILEM) AMPLIATUS
R(OGAT) VERECUND(IS SIMUM CUM)
LIBERTIS

Ceius Secundus édile! Ampliatus, en accord avec les autres affranchis, vous le recommande : c'est un homme très respectable. (7542)

76 L POPIDIUM SECUNDUM AED(ILEM)
DIONYSIUS L(IBERTUS) ROG(AT)

Lucius Popidius Secundus édile! L'affranchi Dionysius vous le recommande. (1041)

77 CUSPIUM PANSAM AED(ILEM) FABIUS
EUPOR PRINCEPS LIBERTINORUM

Cuspius Pansa édile! Fabius Eupor, le leader des affranchis, le recommande. (117)

78 C IULIUM POLYBIUM AED(ILEM) OVF.
PLACIDUS CLIENS ROG(AT)

Gaius Julius Polybius édile! Son client Placidus vous demande de voter pour lui. (7279)

79 HOLCONIUM PRISCUM D(UUMVIRUM)
I(URE) D(ICUNDO) OVF. POLITES CLIENS

Holconius Priscus duumvir i.d.! Son client Polites (le demande). (7685)

80  L CEIUM SECUNDUM ROGANT CLIENTES

Ses clients recommandent de voter pour
Lucius Ceius Secundus. (7490)

81  EPIDIUM SABINUM IIVIR(UM) IURE
DIC(UNDO) OVF. TREBIUS CLIENS FACIT
CONSENTIENTE SANCTISSIMO ORDINE

Epidius Sabinus duumvir i.d.! Son client
Trebius recommande de voter pour lui,
avec l'approbation du vénérable conseil
communal. (7605)

82  M CERRINIUM VATIAM AED(ILEM)
DIGNUM REI P(UBLICAE) TYRANNUS*
CUPIENS FECIT CUM SODALES**

Marcus Cerrinius Vatia édile! Tyrannus,
en accord avec ses camarades s'est engagé
à voter pour lui. (221)

* *Le nom de Tyrannus revient souvent dans le contexte des
recommandations électorales.*
** *Accusatif à la place de la forme correcte à l'ablatif* sodalibus.

83  A VETTIUM CAPRASIUM FELICEM
AED(ILEM) OVF. PILIPPHUS* ROG(AT)

Aulus Vettius Caprasius Felix édile! Pilli-
phus recommande de voter pour lui. (567)

* *Il est surprenant que le commanditaire n'ait pas relevé et fait corriger
par le peintre du* dipinto *cette orthographe erronée de son nom.*

84    M LUCRETIUM FRONTONEM D(UUMVIRUM)
      I(URE) D(ICUNDO) PORCELLUS* ROGAT

Marcus Lucretius Fronto duumvir i.d.!
Porcellus demande de voter pour lui.

(9922, cf. 9919)

*\* Nom parlant : « petit cochon » ; mais comment savoir si cette
connotation était déjà familière aux contemporains ?*

85    M C M AED(ILEM) PYRAMUS OLYMPIONICA
      CALVOS ROG(AT)

M.C. M. édile! Le vainqueur olympique
Pyramus Calvos demande de voter pour
lui.                                         (3674)

86    FUSCUM AED(ILEM) AMANDUS SACERDOS

Fuscus édile! Le prêtre Amandus le recommande.                                       (7231)

87    PANSAM AED(ILEM) AMANDUS SACERDOS
      ROG(AT)

Pansa édile! Le prêtre Amandus demande
de voter pour lui.                           (7900)

88    CN HELVIUM SABINUM AED(ILEM) ISIACI
      UNIVERSI ROG(ANT)

Gnaeus Helvius Sabinus édile! Tous les
prêtres d'Isis (ou partisans d'Isis) demandent de voter pour lui.                      (787)

89 M EPIDIUM SABINUM IIVIR(UM) IUR(E)
DIC(UNDO) OVF. DIGNUM IUVENEM SUEDIUS
CLEMENS SANCTISSIMUS IUDEX FACIT
VICINIS ROGANTIBUS

Marcus Epidius Sabinus duumvir i.d.! Il le
mérite. Le vénérable juge Suedius Clemens
recommande sa candidature. Les voisins
soutiennent cette annonce électorale. (1059)

90 PAQUIUM D(UUMVIRUM) I(URE) D(ICUNDO)
VENERI(I) ROGANT

Paquius dummvir i.d. Les serviteurs de
Vénus [Pompéienne]* vous le recommandent. (1146)

*Autre interprétation : voir* dipinto *suivant.*

91 CEIUM SECUNDUM IIV(IRUM) I(URE)
D(ICUNDO) VENERIOSI ROG(ANT) IUVENEM

Le jeune Ceius Secundus duumvir i.d.!
L'association qui s'entraîne au gymnase du
temple de Vénus vous le recommande. (7791)

92 HOLCONIUM PRISCUM IIVIR(UM) I(URE)
D(ICUNDO) SPECTACULI SPECTANTES ROG(ANT)

Holconius Priscus duumvir ! Les amateurs
des spectacles de l'amphithéâtre* demand-
dent de voter pour lui. (7585)

*Dipinto situé non loin de l'amphithéâtre.*

93    M EPIDIUM SABINUM IIVIR(UM) D(IGNUM)
      R(EI) P(UBLICAE) ORDO SANCTUS FACIT

Marcus    Epidius    Sabinus    duumvir!
L'honorable conseil communal recommande de voter pour lui. Il est digne de
gérer les affaires publiques.          (7576)

94    M EPIDIUM SABINUM IIVIR(UM) I(URE)
      D(ICUNDO) OVF. DIGNISSIMUM IUVENE(M)
      SANCTUS ORDO FACIT CLEMENTI SANCTO
      IUDICI FEL(ICITER)

Marcus Epidius Sabinus duumvir i.d.
C'est un jeune homme qui le mérite bien.
L'honorable conseil communal recommande de voter pour lui. Une ovation en
l'honneur de Clément, l'honorable juge!
                                       (7579)

95    SABINUM IIVIR(UM) I(URE) D(ICUNDO)
      SANCTUS ORDO CONSENSU *POPULI* FACIT

Sabinus duumvir i.d.! L'honorable conseil
communal recommande de voter pour lui,
avec l'approbation du peuple.          (7584)

96    L POPIDIUM SECUNDUM AEDILEM PO(P)*ULUS*
      ROGAT

Lucius Popidius Secundus édile! Le peuple
demande de voter pour lui.             (1045)

97  C ATEIUM CAPITONEM AED(ILEM) ROGAMUS
    *COLONI* ET INCOLAE

Gaius Ateius Capito édile ! Nous, les colons
et les habitants, nous demandons de voter
pour lui.                                      (9918)

« Tous les bonnets de nuit
proposent Vatia… »

Des façades aux slogans diffamatoires ?

On ne peut pas toujours bien choisir ses
amis politiques.

Même si l'approbation provenait du
mauvais bord, quand par exemple une annonce
électorale était signée par des groupes ou
des personnes dont la solidarité n'était pas
souhaitée, les acteurs des campagnes électorales pompéiennes devaient s'en accom-
moder. Nous ne savons pas de quels moyens le
candidat disposait pour prendre ses distances
par rapport à la publicité non sollicitée ou pour
empêcher ce genre de récupération. Une inter-
vention directe n'est attestée que dans deux
cas : c'est là que, à l'instigation du candidat C.
Julius Polybius, les noms de deux assistantes

de campagne peu fiables, issues du quartier chaud, furent recouverts d'un coup de badigeon. Manifestement, Polybius craignait d'être associé trop étroitement aux bas-fonds et de perdre ses chances électorales en donnant l'impression d'un manque de sérieux (cf. n° 73 et 74).

Normalement, les candidats supportaient malgré tout que, parmi les nombreux soutiens honorables, l'un ou l'autre « fan » non sollicité ait émergé. Dans le doute, une forte présence de son propre nom sur les façades de la ville comptait plus que la « qualité » de l'annonce électorale isolée. Les acteurs de campagnes électorales ont en effet un grand cœur, dans lequel entre aussi une bonne dose d'opportunisme...

Dans l'ensemble, la campagne électorale attestée par les *dipinti* se caractérisait par un haut degré de bienséance et de fair-play. Les attaques d'adversaires politiques contre les annonces électorales étaient sans doute l'exception. Certaines cependant se trouvaient recouvertes par d'autres inscriptions, des commentaires malveillants, des caricatures et d'autres offenses du même acabit. Qu'il y ait eu, dans des cas isolés, de tels débordements, c'est ce que laisse entrevoir, au-delà de l'expérience courante, la menace adressée aux « barbouilleurs » par un peintre de *dipinti*: « Va donc, gros jaloux, si tu sabotes mon travail, que la peste t'emporte ! » (cf. n° 195).

Les candidats adverses ne sont jamais la cible de calomnies directes. La seule forme de propagande diffamatoire était une sorte de contre-campagne menée par des « initiatives d'électeurs » manifestement inventées, dont le candidat en lice ne pouvait guère se prévaloir. Des groupes de soutien tels que « soûlards du soir », « joueurs de dés » et « bonnets de nuit » n'étaient considérés par personne comme les partisans réels d'un candidat. Mais les candidats ayant une telle clientèle électorale virtuelle couraient néanmoins le risque d'être rangés dans la catégorie des bons à rien et de perdre indirectement ce qu'impliquait le sigle *vb* (*vir bonus*, « honnête homme ») ou « *vir probus* », « homme irréprochable ». Certes, seule une poignée de ce genre d'annonces électorales diffamatoires a été conservée. Ce n'étaient sûrement pas des *dipinti* qui, à la manière des spams, envahissaient les panneaux d'affichage des façades, mais plutôt un phénomène d'exception.

Vu la rareté de ce type de *dipinti*, on ne peut guère supposer qu'ils aient servi à masquer une campagne dirigée par des rivaux. Peut-être quelqu'un s'est-il simplement permis de temps en temps une blague, pour tester le

sens de l'humour d'un candidat ou pour cari-
caturer la phraséologie éculée des annonces
électorales habituelles. On ne peut exclure que
l'équipe de campagne du candidat concerné ait
commandé elle-même ces *dipinti* pour choquer
le bourgeois. Ainsi, les regards des passants se
poseraient sur le nom de celui qui serait prétendument soutenu par de tels signataires fanto-
ches. Si c'est bien le cas, l'équipe de campagne
de M. Cerrinius Vatia aurait mérité de loin le
prix d'originalité pour les relations publiques
dans un type de texte qui, par ailleurs, ne brille
guère par son esprit et son alacrité.

98  VATIAM AED(ILEM) ROGANT MACERIO*
    DORMIENTES UNIVERSI CUM*

Vatia édile! Tous les bonnets de nuit en
accord avec Macerius demandent de voter
pour lui.                                    (575)

* *Vraisemblablement faute grammaticale, à la place de* cum
Macerio.

99  VATIAM AED(ILEM) FURUNCULI ROG(ANT)

Vatia édile! Les chenapans demandent de
voter pour lui.                              (576)

100  M CERRINIUM VATIAM AED(ILEM) OVF.
     SERIBIBI UNIVERSI ROGANT SCR FLORUS
     CUM FRUCTU

Marcus Cerrinius Vatia édile! Tous les
soûlards du soir recommandent sa candidature. C'est Florus qui l'a écrit, en accord
avec Fructus.                                (581)

101  M CV V(IRUM) B(ONUM) AED(ILEM) OVF.
     COLEPSIUS ROG(AT) SICARI O(VF. [?])*

M(arcus) C(errinius) V(atia) édile! Colepsius
demande de voter pour lui.
Les assassins (aussi) le soutiennent.    (246)

* *Texte mal attesté: après* secario, *des lettres manquent;* sica-
rius*: « meurtrier ».*

102   … DRAPETAE OMNES

… tous les esclaves fugitifs !   (7389)

103   CN HELVIUM SABINUM AED(ILEM) ALIARI
ROG(ANT)

Gnaeus Helvius Sabinus édile ! Les joueurs
de dés demandent de voter pour lui.   (3885)

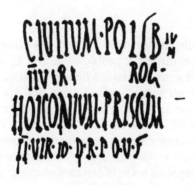

Noms de candidats
qui reviennent sans cesse
sur les murs de Pompéi :
Julius Polybius et Holconius Priscus.

« Allez, secoue-toi, va voter ! »

L'abstention massive est ressentie de nos jours comme un problème grave. Quand trop peu de gens font usage de leur droit de vote, on y voit un symptôme de crise des institutions, voire de la Constitution. Cela pourrait affaiblir la légitimité de ceux qui ont été élus – les vainqueurs électoraux à la rhétorique la plus brillante et la plus hardie n'osent même pas réinterpréter les voix électorales manquantes en intentions de vote en leur faveur. Les perdants sont évidemment ceux dont les partisans sont restés en masse à l'écart des urnes, de sorte que les « mauvais » ont eu la majorité…

Les réserves ci-dessus évoquées ne semblent guère avoir préoccupé les politiciens romains dans leur réflexion sur la mobilisation électorale. À la différence sans doute de cette dernière : ceux qui n'épuisaient pas leur propre

potentiel électoral risquaient la défaite. Ainsi,
l'équipe qui planifiait et dirigeait la campagne
électorale de son candidat ne misait pas seulement sur l'indicatif qui attestait un soutien
effectif. Dans plus d'un cas, l'impératif visait
à arracher la clientèle à une certaine léthargie
et à la pousser à un engagement électoral actif.
« Allez, aux urnes ! » ordonnait autrefois un
grand parti allemand dans une bataille électorale fédérale à ses partisans ; et chaque fois
qu'une bataille électorale fédérale approche
de la fin, les voix des politiciens qui tentent de
secouer leurs partisans par des appels analogues
se multiplient. On peut voir des slogans tout
à fait analogues sur les façades pompéiennes.
Avec un *fac, facite* (« fais ! », « faites ! », « votez ! »,
ou dans un emploi absolu « allez donc voter ! »,
« hâtez-vous d'y aller ! »), des gens isolés ou des
groupes sont rappelés à leur devoir de soutien ;
et même dans deux cas, avec une combinaison
massive de l'impératif et du subjonctif : *fac facis*,
« dépêche-toi de voter pour lui ! ».

Mais comment réagir si les électeurs admo-
nestés sans ménagement faisaient la sourde
oreille ou si l'on avait l'impression que les
impératifs électoraux ne suffiraient pas à les
mobiliser ? Dans cette éventualité, certains
acteurs de campagne avaient en réserve une
artillerie sémantique autrement plus lourde. Ils

demandaient sans délicatesse à des partisans sélectionnés s'ils « dormaient », voire ils le présumaient tout de go. Les Romains n'utilisaient pas de ponctuation ; certains *dormis* pouvaient être compris de deux manières, comme une question ou comme un reproche. Le rappel supplémentaire *cupis* (« c'est bien lui que tu veux ! ») adoucissait parfois la rudesse du ton.

Les gens qui dorment alors qu'ils devraient faire autre chose méritent d'être réveillés. C'est dans ce sens qu'on comprendra aussi le terme de *vigilare* souvent utilisé dans un tel contexte, même s'il désigne en réalité l' « état de veille », la « vigilance ». Il n'y a pas de mal à inviter ses contemporains indolents, qui risquent d'oublier d'aller voter, tout autant à se réveiller qu'à rester éveillés – et, avant qu'ils ne l'oublient, à *surgere*, « se secouer ».

On le voit : toutes les équipes de campagne n'avaient pas l'âme tendre. Certaines d'entre elles traitaient les électeurs assez rudement – et tout particulièrement ceux qui étaient classés comme leurs propres sympathisants. Si les annonces électorales formulées à l'impératif étaient de préférence placées sur les façades très convoitées des grandes artères animées, une fameuse pression était mise sur les éventuels « bonnets de nuit » à l'intérieur d'un même camp.

La variante polie consistait en un « je sais bien que tu es favorable à notre candidat » (qui sous-tendait un « alors, élis-le aussi s'il te plaît ! »), atténuant, en surface, la raideur de l'impératif. Reste cependant que, dès cette époque, l'aimable suggestion est bien moins fréquente que l'injonction pure et simple.

104 CUSPI FAC FADIUM AED(ILEM) D(IGNUM)
    R(EI) P(UBLICAE) CUSPIUS,

Fadius édile! Allez, Cuspius, vote pour lui.
Il est digne de gérer les affaires publiques.

(1068)

105 PRISCUM AED(ILEM) OVF. LUTATI FAC

Priscus édile! Allez, Lutatius, va donc voter
pour lui!                                    (7636)

106 MODESTUM AED(ILEM) PANSA FAC FACIAS

Modestus édile! Pansa, dépêche-toi d'aller
voter pour lui!                              (1071)

107 VETTIUM FIRMUM AED(ILEM) DIGNUS EST
    POMARI FACITE

Vettius Firmus édile! Il l'a mérité.
Marchands de fruits, allez donc voter pour
lui!                                         (183)

108 CAPRASIUM ET PAQUIUM VICINI FACITE

Pour Caprasius et Paquius! Voisins, allez
donc voter pour eux!                         (7819)

109   A VETTIUM FIRMUM AED(ILEM)… PILICREPI
      FACITE

Aulus Vettius Firmus édile! Joueurs de
ballon, faites-le élire!                    (1147)

110   HELVIUM SABINUM AED(ILEM) BIRI(I) CUM
      BIRIA ROG(ANT) D(IGNUM) R(EI) P(UBLICAE)
      V(IRUM) B(ONUM) OVF. ONOMASTE, CUPIDE
      FAC

Helvius Sabinus édile! Les Birii (plutôt:
Virii) demandent, en accord avec Biria,
de voter pour lui. Il est digne de gérer
les affaires publiques – c'est un honnête
homme! Onomaste, dépêche-toi d'aller
voter pour lui!                             (9885)

111   LOREI CLIENS FAC QUEM DILIGIS

Allez, client Loreius, va donc voter pour
celui que tu aimes!                         (7531)

112   (FAU)STINUM AED(ILEM) CRESCENS FAVE

Faustinus édile! Crescens, sois-lui favorable!                                      (7909)

113 M HOLCONIUM PRISCUM OVF.
MENECRATES CLIENS B ... (?) DORMIS

Pour Marcus Holconius Priscus ! Menecrates,
tu es son client. Tu dors ou quoi? (822)

114 AMPLIATUM AED(ILEM) ORO VOS FACIATIS
LOREI VICINAE* VIS ET DORMIS

Ampliatus édile! Voisin Loreius, c'est lui
que tu veux et tu dors? (7517)

* *Sans doute faute d'orthographe à la place de* vicine.

115 AMPLIATUM AED(ILEM) DIGNUS EST
GRAPHICAE* DORMIS ET CUPIS

Ampliatus édile! Il l'a mérité. Graphicus,
tu dors – et pourtant c'est lui que tu veux!
(7650)

* *Faute d'orthographe, au lieu de* Graphice.

116 CAPELLAM D(UUM)V(IRUM) I(URE)
D(ICUNDO) OVF. PROC(ULE) DORM(IS)

Capella duumvir i.d.! Proculus, tu dors
ou quoi? (7578)

117 POPIDIUM SECUNDUM AED(ILEM) OVF.
ASTYLE DORMIS

Popidius Secundus édile! Astylus, tu dors
ou quoi? (7794)

118  AMPLIATUM AED(ILEM) TREBI SURGE
     FAC AED(ILEM) LOLLIUM FUSCUM
     ADULESCENTEM PROBUM

Ampliatus édile ! Allez, Trebius, secoue-toi !
Fais-le élire édile, le jeune Lollius Fuscus,
il est intègre !                                    (7619)

119  C L(OLLIUM) F(USCUM) AED(ILEM) CLIENS
     SURGE FAC

Gaius Lollius Fuscus édile ! Client, secoue-
toi et fais-le élire !                              (7668)

120  SUETTIUM... MACI VIGILA

Pour Suettius ! Macius, réveille-toi !    (2974)

121  VEIENTONEM AED(ILEM) POLITE VIGILA

Veiento édile ! Politus, réveille-toi !      (7703)

122  C CALVENTIUM SITTIUM IIVIR(UM) I(URE)
     D(ICUNDO) UBONI VIGULA*

(Élisez) Gaius Calventius Sittius duumvir
i.d. ! Ubonius, réveille-toi !                      (858)

* *Plusieurs fois dans les dipinti pour* vigila.

123  POPIDIUM IIVIR(UM) GRAPHICE VIGULA

Popidius duumvir ! Graphicus, réveille-toi !
                                                    (7649)

124 AMPLIATUM L(UCI) F(ILIUM) AED(ILEM)
VICINI SURGITE ET ROGATE LUTATI FAC

Ampliatus, fils de Lucius, édile! Voisins,
secouez-vous, et soutenez sa candidature!
Lutatius, fais-le élire!                    (7443)

125 L POPIDIUM L F(ILIUM) AMPLIATUM
AED(ILEM) O(RO) TE FAC(IAS) TREBI ET
SOTERICHE ET* VIGILATE

Lucius Popidius Ampliatus, fils de Lucius,
édile! Allez, fais-le élire! Trebius et
Soterichus, réveillez-vous!                 (7632)

*\* Erreur de transcription, le deuxième* et *doit être supprimé.*

126 ALIPE CUPIS

Alipus, c'est bien lui que tu veux!         (7694)

127 POPIDIUM IUVENEM AED(ILEM) CRESCENS
SCIO TE CUPERE

Le jeune Popidius édile! C'est lui que tu
veux, Crescens, je le sais bien.            (7910)

Une campagne électorale intense: les rues animées étaient
très recherchées comme « espaces publicitaires ».

## Labels de qualité *vb* et *drp*

## Les murs « vertueux » de Pompéi

Avant de critiquer les affiches électorales contemporaines pour leur vacuité et leur emphase, il faudrait prendre connaissance des annonces électorales romaines. Elles sont, dans leur grande majorité, dépourvues de tout programme. En effet, on y trouve surtout des formules toutes faites, bourrées d'adjectifs plus ou moins évocateurs, « décrivant » les aptitudes personnelles des candidats. Deux d'entre elles sont tellement rituelles qu'elles sont en général abrégées, comme *vb* pour *vir bonus* (« honnête homme »), et *drp* qui recommande le candidat comme *dignus rei publicae* (« digne de gérer les affaires publiques »), c'est-à-dire un homme auquel la représentation des intérêts publics, le bien commun ainsi que la direction administrative et politique de la ville peuvent être confiés sans risque.

Les soutiens électoraux qui se méfiaient de l'effet rassurant de ces labels éthiques monotones les renforçaient parfois par le superlatif *dignissimus*, « véritablement digne ! ». Par ailleurs, ils complétaient et variaient la caractérisation de leurs favoris par d'autres adjectifs, qui soulignaient leur haut niveau moral : capable, modeste, honorable, intègre, probe, honnête. Quelle que soit la traduction retenue, ces adjectifs font des façades de Pompéi un dictionnaire en plein air des synonymes d' « intégrité » ou de « conscience des responsabilités ». Il est frappant de constater combien, dans la ville du Vésuve, la vertu éclipsait tout !

La concentration de déclarations « programmatiques » uniquement fondées sur l'aptitude morale des candidats, le *vb* optimisé dans le meilleur des cas par le *drp*, rassure les électeurs et montre clairement que les campagnes électorales romaines étaient personnalisées à l'extrême. Les candidats n'avaient pas besoin de déterminer les mesures politiques qu'ils envisageaient, ni quels projets ils voulaient pousser ou quels progrès ils comptaient apporter à la population. La personne comptait bien plus que la teneur du programme. Pour être élu, il fallait avoir la cote, c'est-à-dire être une personnalité dont la force de caractère et le mode de vie semblaient offrir les garanties de ne pas déshonorer la *res publica*, la chose de tous les citoyens, leur ville.

Il est frappant que les déclarations positives sur l'intégrité morale soient associées plus fréquemment qu'en moyenne avec *iuvenes*, « jeunes hommes ». Cela pourrait s'expliquer par l'avance de confiance dont jouissaient, auprès des électeurs romains, des candidats plus âgés, plus expérimentés, et « observés » depuis longtemps. Cependant, ceux qui ont l'impression, en raison du grand nombre de « jeunes » candidats, que les Pompéiens romains, enivrés par les fantasmes modernes de jeunesse, auraient été des précurseurs de la mode « des jeunes au pouvoir », seront rassurés ou déçus de savoir qu'étaient comptés au nombre des *iuvenes* tous ceux qui n'avaient pas encore atteint leur quarante-sixième année.

128 TREBIUM AED(ILEM) V(IRUM) B(ONUM) OVF.

Trebius édile! C'est un honnête homme.

(123)

129 A VETTIUM FIRMUM AED(ILEM) V(IRUM)
B(ONUM) OVF. FELIX CUPIT

Aulus Vettius Firmus édile! Un honnête
homme! Felix le souhaite. (174)

130 TREBIUM VALENTE(M) ET GAVIUM RUFUM
VIROS BON(OS)

Pour Trebius Valens et Gavius Rufus! Des
hommes honnêtes! (3516)

131 ALLEIUM (?) MAIUM D(UUM)V(IRUM)
I(URE) D(ICUNDO) AURELIUS CIVEM BONUM
FAC(IT)

Alleius (?) Maius duumvir i.d.! Aurelius
fait voter pour lui. C'est un bon citoyen.

(499)

132 ...RIUM SABINUM AED(ILEM) HELISSAEUS ET
TINTIRIUS OPTIMUM IUVENEM ROG(ANT)

Sabinus (?) édile! Helissaeus et Tintirius
demandent de voter pour lui. Un remarquable jeune homme! (158)

133  L CEIUM SECUNDUM IUVENEM OPTIMUM
D(UUM)V(IRUM) I(URE) D(ICUNDO) OVF. SEX
CEIUS FACIT

Lucius Ceius Secundus duumvir i.d.! Un
remarquable jeune homme! Sextus Ceius
fait voter pour lui.                          (7974)

134  SAMILLUM MODESTUM IUVENEM PROBUM
AED(ILEM)

Samillus Modestus édile! Un jeune homme
intègre!                                      (290)

135  PAQUIUM ET CAPRASIUM PROBISSIMOS
D(UUM)V(IROS) I(URE) D(ICUNDO) OVF.

Paquius et Caprasius duumvirs i.d.! Deux
hommes d'une intégrité exemplaire!  (460)

136  CUSPIUM PANSAM AED(ILEM) IUVENEM
PROBUM DIGNUM REI P(UBLICAE) OVF.

Cuspius Pansa édile! C'est un jeune
homme intègre, qui est digne de gérer les
affaires publiques.                           (702)

137    L OVIDIUM VEIENTO(NEM) AED(ILEM)
       V(IRUM) B(ONUM) D(IGNUM) R(EI) P(UBLICAE)
       OVF. IUVENEM PROBUM GRANIU(S) ROG(AT)

Lucius Ovidius Veiento édile! C'est un
honnête homme, qui est digne de gérer les
affaires publiques, un jeune homme intègre.
Granius demande de voter pour lui.    (9869)

138    POPIDIUM SECUNDUM VERECUNDUM
       ADULESCENTEM AED(ILEM) OVF.

Popidius Secundus édile! C'est un jeune
homme discret!    (968)

139    LICINIUM ROG(AMUS [?]) IUVENEM
       VERECUNDISSIMUM D(IGNUM) R(EI)
       P(UBLICAE) OVF.

Nous [?] demandons de voter pour
Licinius! C'est un jeune homme d'une
grande discrétion, qui est digne de gérer
les affaires publiques.    (3463)

140    HOLCONIUM PRISCUM VERECUNDISSIMUM
       D(IGNUM) R(EI) P(UBLICAE) AED(ILEM) OVF.
       DIGNISSIMUM

Holconius Priscus édile! Un homme d'une
grande discrétion, qui est digne de gérer
les affaires publiques! Je vous prie de voter
pour lui, il le mérite vraiment!    (309)

141   HOLCONIUM PRISCUM D(IGNUM) R(EI)
      P(UBLICAE) IIV(IRUM) IUVENEM FRUGI

Holconius Priscus duumvir! Il est digne
de gérer les affaires publiques. Un jeune
homme très bien!                        (943)

142   POPIDIUM SECUNDUM EGREGIUM
      ADULESCENTEM AED(ILEM) OVF.

Popidius Secundus édile! Je vous prie de
voter pour lui, c'est un remarquable jeune
homme!                                 (1012)

143   SUETTIOS CERTUM IIVIR(UM) I(URE)
      D(ICUNDO) VERUM AED(ILEM) CELSUM
      COLLEGAM ROG(AT) ELAINUS DISSIGN(ATOR)
      ROG(AT)* QUORUM INNOCENTIAM PROBASTIS

Les deux Suettius, Certus duumvir et Verus
édile avec Celsus pour collègue. Vous avez
pu constater leur honnêteté. Elainus, le
placier du théâtre, vote pour eux.      (597)

* *Un des deux* rogat *est superflu.*

144   L POPIDIUM SECUNDUM AED(ILEM)
      IUVENEM INNOCUAE AETATIS D(IGNUM)
      R(EI) P(UBLICAE) ...UMUS CUPIT

Lucius Popidius édile! ...umus vous le
recommande. C'est un jeune homme à
l'existence irréprochable et il est digne de
gérer les affaires publiques.           (720)

145  VEIENTONEM AED(ILEM) OVF. ET VETTIUM
     INNOCENTES

Veiento édile, et aussi Vettius! Je vous prie
de voter pour eux! Des hommes irrépro-
chables!                                    (7143)

146  PANSAM AED(ILEM) IUVENEM SANCTISSIMUM
     D(IGNUM) R(EI) P(UBLICAE) OVF.

Pansa édile! Je vous prie de voter pour
lui. C'est un jeune homme extrêmement
vertueux et il est digne de gérer les affaires
publiques.                                  (7684)

147  CLAUDIUM VERUM IIV(IRUM) I(URE)
     D(ICUNDO) IUVENEM INTEGRUM

Claudius Verus Duumvir i.d.! (Votez pour
lui!) Un jeune homme irréprochable!
(3741)

148  C GAVIUM RUFUM IIVIR(UM) OVF. UTILEM
     R(EI) P(UBLICAE) VESONIUS PRIMUS ROG(AT)

Gaius Gavius Rufus duumvir! Un homme
utile à notre ville! Vesonius Primus
demande de voter pour lui.                  (3471)

149  C GAVIUM RUFUM IIVIR(UM) OVF.
     D(IGNUM) R(EI) P(UBLICAE) ET UTILEM
     IUVENEM PROBUM

Gaius Gavius Rufus duumvir! Je vous prie
de voter pour lui. Il est digne de gérer les
affaires publiques et il est un jeune homme
estimable et intègre.                        (6668)

150  CEIUM IIVIR(UM) OV(F). BENEMERENTEM
     ROG(AMUS)

Ceius duumvir! Nous (?) vous demandons
de voter pour lui. Il le mérite.             (7460)

151  VATIAM ET POSTUMIUM D(IGNOS) R(EI)
     P(UBLICAE) BENEMERENTES

Vatia et Postumius! Votez pour eux! Ils
sont dignes de gérer les affaires publiques.
Ils le méritent vraiment!                    (9832)

## « Il ne dilapidera pas le trésor municipal »

### Annonces électorales
### avec ébauche de programme

Les *dipinti* électoraux s'appellent *programmata* dans le langage des archéologues. Ce mot latin repris du grec signifie « publication par écrit », et non pas « programme » au sens actuel. Comme on l'a vu au chapitre précédent, les déclarations de programme n'étaient pas le point fort de la propagande électorale romaine. C'était une pratique reconnue de campagne électorale, et tous s'y conformaient. Presque tous, pour être exact. Dans un petit nombre d'annonces électorales se profile en effet une ébauche de programme, ou plutôt les attentes concrètes des soutiens. Vous en trouverez quelques exemples dans ce chapitre.

Pour quelque peu enrichir la documenta-
tion, nous avons pris le terme « programmatique » dans une acception très large, incluant
même les cas où la formule générale *drp* (*dignus
rei publicae*), selon laquelle quelqu'un était
« digne de gérer les affaires publiques », était
concrétisée, et, en un certain sens, émotio-
nalisée, du fait qu'elle était remplacée par la
*colonia Pompeiana*. Des évaluations positives de
candidats, qui sont généralisées pour ainsi dire
de manière programmatique (« la ville a besoin
de tels hommes ! ») sont aussi présentées ici.

Il n'y a que deux promesses électorales au
sens propre. Celui qui « apporte du bon pain »
fait généralement espérer de bonnes choses
pour l'économie – de même que celui qui ne va
pas dilapider le trésor communal, mais établir
une planification financière fiable. Par deux
fois, il est rappelé qu'un candidat a acquis dans
le passé des mérites qui le recommandent pour
une carrière politique. Occasionnellement, à
côté de ces déclarations « programmatiques »,
on place aussi le cas de Casellius Marcellus,
vanté comme *munerarius magnus*, « grand
organisateur de combats de gladiateurs ». Le
contexte électoral a sans doute été donné en
même temps, pourtant il ne s'agit pas d'un
grand *dipinto* « officieux », mais d'un *graffito*
beaucoup moins spectaculaire (4999).

Une série d'annonces électorales explique avec une belle franchise que le candidat rendrait la pareille en échange du soutien électoral d'un promoteur nommément cité. Le candidat propose à son tour de se mettre à sa disposition comme soutien. Tisser et cultiver de tels réseaux était, pour la politique romaine, l'un des grands secrets du succès. Sans relations personnelles et sans amitiés politiques, on ne pouvait faire carrière ni à Rome ni à Pompéi. On le formulait rarement aussi crûment que dans ce genre (rare) d'annonces électorales. Mais il était universellement connu que la politique fonctionnait ainsi. Ce n'était pas du népotisme condamnable, mais l'expression d'une philosophie de la vie qui, dans le proverbe latin, sonne beaucoup plus élégamment : *manus manum lavat*, « une main lave l'autre ».

152   RUSTICUM VERUM A(EDILEM) V(IIS) A(EDIBUS)
      S(ACRIS) P(UBLICIS) P(ROCURANDIS) AUGUSTO
      FELICITER AEDILES SIC DECET

(Votez pour) Rusticus Verus comme édile
chargé de la voirie et de l'entretien des
bâtiments sacrés et publics! Il le mérite.
Bonne chance à l'empereur!                    (427)

153   M CASELLIUM ET L ALBUCIUM AED(ILES)
      OVF. STATIA ET PETRONIA ROG(ANT) TALES
      VIROS IN COLONIA IN PERPETUO

Marcus  Casellius  et  Lucius  Albucius
édiles! Statia et Petronia demandent de
voter pour eux. De tels hommes pour
toujours dans notre colonie!                  (3678)

154   C IULIUM POLYBIUM AED(ILEM) OVF.
      PANEM BONUM FERT

Gaius Julius Polybius édile! Avec lui, c'est
du bon pain!                                  (429)

155   M EPIDIUM SABINUM D(UUMVIRUM)
      I(URE) DIC(UNDO) OVF. DIG(NUS) EST
      DEFENSOREM COLONIAE EX SENTENTIA
      SUEDI CLEMENTIS SANCTI IUDICIS CONSENSU
      ORDINIS OB MERITA EIUS ET PROBITATEM
      DIGNUM REI PUBLICAE FACIAT(IS) SABINUS
      DISSIGNATOR CUM PLAUSU FACIT

Marcus Epidius Sabinus duumvir i.d. ! Il l'a mérité, lui, le défenseur de la ville qui, selon l'avis de l'honorable juge Suedius Clemens avec l'accord du conseil communal, s'est montré digne, du fait de ses mérites et de sa probité, de gérer les affaires publiques. Le placier du théâtre Sabinus applaudit ce candidat. (768)

156  M EPIDIUM DEFENSOREM...

Marcus Epidius, le défenseur... (1032)

157  NUMMIANUM AED(ILEM) DIGNUM
COLONIAE POMPEIANAE

Nummianus édile ! C'est un candidat digne de la colonie de Pompéi. (7219)

158  L SEXTILEM IIVIR(UM) I(URE) D(ICUNDO)
MULTIS FECIT BENIGNE

Lucius Sextilis duumvir i.d. ! Il a fait preuve de beaucoup de générosité à l'égard de ses concitoyens. (7187)

159  BRUTTIUM BALBUM IIVIR(UM) GEN(IALIS)
ROG(AT) HIC AERARIUM CONSERVABIT

Bruttius Balbus duumvir ! Genialis demande de voter pour lui. Il ne dilapidera pas le trésor municipal. (3702)

160  L MUNATIUM CAESERNINUM
     QUINQ(UENNALEM) NUCERINI (PU [?])GILES
     SPECTASTIS

Lucius  Munatius  Caeserninus  quinquennal! Habitants de Nuceria, c'est lui
qui vous a offert ce spectacle de pugilistes.

(9939)

161  SABINUM AED(ILEM) PROCULE FAC ET ILLE
     TE FACIET

Sabinus édile! Proculus, va donc voter
pour lui, et il ira voter pour toi.          (635)

162  CN HELVIUM SABINUM AED(ILEM) V(IRUM)
     P(ROBUM) LOREI FAC ET ILLE TE FACIET

Gnaeus Helvius Sabinus édile! Loreius,
va donc voter pour lui, c'est un homme
intègre – et il ira voter pour toi.         (7733)

163  POPIDIUM SECUNDUM AED(ILEM) D(IGNUM)
     R(EI) P(UBLICAE) PROBISSIMUM IUVENEM
     OVF. RUFINE FAVE ET ILLE TE FACIET

Popidius Secundus édile! Il est digne
de gérer les affaires publiques. Un jeune
homme d'une grande intégrité! Rufinus,
favorise-le et il ira aussi voter pour toi!

(3409)

## Être gentil et ne pas s'engager

## Les secrets du succès des campagnes
### électorales à Rome

Comment, dans le système politique de
Rome, un candidat bénéficie-t-il du soutien
le plus large possible pour la campagne électorale ? Comment s'adresse-t-il à ses électeurs
de manière à les inciter à donner leur voix en
sa faveur ?

Des réponses à ces questions sont fournies
par un petit manuel de campagne électorale
qui nous est parvenu sous le nom de Quintus
Tullius Cicéron. Il a la forme d'une lettre à son
frère aîné, le célèbre orateur Marcus Tullius
Cicéron, qui s'apprêtait à réaliser, en l'an
64 avant J.-C., dans la campagne électorale
pour le consulat, son exploit politique. En l'an
63 avant J.-C., celui-ci, vainqueur des élections,

verra sa carrière politique couronnée par la
charge de consul romain. Il semble assez étonnant que le frère cadet ait pu intervenir dans
la campagne électorale de Cicéron avec un
écrit de recommandation au ton si personnel.
Des doutes sur l'attribution du texte à l'auteur
Quintus Cicéron ont donc été souvent formulés
haut et fort. Certains travaux de recherche
contestent également la possibilité d'un « coup
de main historique » datant des années 60 du
I$^{er}$ siècle avant J.-C. Les datations vont jusqu'à
la première époque impériale.

En fin de compte, la question de l'auteur
restera sans réponse de même que celle de la
datation. Dans notre contexte, aucune des deux
n'a d'ailleurs grande importance. L'essentiel
est que, avec le *Commentariolum petitionis*, les
« notes sur la technique de campagne électorale », nous tenons en main un document qui
donne un accès authentique et fiable au monde
et à la mentalité des acteurs des campagnes
électorales romaines.

Il n'y avait pas de partis qui auraient pu
servir de soutien à un candidat et compenser
les faiblesses de sa personnalité ou de son
image par les points forts de leur programme
politique. De ce fait, les candidats devaient
beaucoup plus compter sur eux-mêmes que
nous ne pouvons l'imaginer aujourd'hui dans

le contexte de la démocratie de partis. Il en résultait deux règles d'airain fondamentales pour une campagne couronnée de succès. Tout d'abord, « rends-toi aussi populaire que possible, montre-toi agréable aux électeurs ! » Ensuite, « rassemble autant de soutiens et d'amis politiques que possible autour de toi, et fais en sorte que ce soutien soit clairement perçu par l'électorat ! »

À Rome, la campagne électorale était un long chemin de pèlerinage avec de nombreuses stations : *rogare*, « solliciter le soutien », « demander leur voix aux électeurs », est le mot magique du *Commentariolum*. *Rogandi omnes sunt diligenter*, inculque le conseiller au candidat, « Il faut les solliciter tous avec soin[*] » (5). Cependant, il fallait, certes, savoir aussi se faire tout petit, flatter les électeurs, et les obliger. Cela revient régulièrement dans des expressions comme *inservire* (« être au service de », 21, 23, 24, 40), et même comme *studiose inservire* (« servir avec empressement », 49). Dans *inservire*, il y a *servus*, « l'esclave », et cette signification était certainement très présente à l'esprit des contemporains.

---

[*] Traduction L.-A. Constans, Paris, Les Belles Lettres, « CUF », 2002 (1934).

Le pire de tout était l'arrogance. Donner aux gens l'impression de ne pas les prendre au sérieux, insister, au cours de la campagne électorale, sur la distance sociale entre le candidat distingué et l'électeur de base, et la bataille était perdue d'avance. En revanche, se préoccuper des intérêts du citoyen, serrer des mains, bavarder aimablement avec la mine réjouie faisait gagner beaucoup de points de popularité (46). Il fallait avoir un air sympathique, même quand on ne l'était pas. À la manière d'un Gaius Cotta, considéré comme « un grand maître en matière de campagne électorale », *in ambitione artifex* (46), le secret du bon acteur en campagne consistait à pratiquer la dissimulation pendant un temps à la veille des élections et à pouvoir jouer double jeu. Selon Cicéron, si cette attitude est contestable d'un point de vue moral, elle est indispensable. Pendant la campagne électorale, être à la fois un *bonus vir* (« un homme honnête, irréprochable ») et un *bonus petitor* (« un bon acteur de campagne électorale ») était plutôt un handicap. Sans fard, il avoue honnêtement : « la première attitude est celle d'un homme bon, la deuxième celle d'un bon candidat,» (45), ce qui, pourtant, n'empêchait pas ses partisans de constamment le présenter dans les annonces électorales comme un *vir bonus*. L'abréviation correspondante *vb* est, dans les *dipinti* pompéiens, une des formules de recommandation les plus en vogue (cf. p. 86 *sq.*).

Comment l'acteur de campagne se comporte-t-il vis-à-vis des vœux qui lui sont présentés ? De toute façon, tactiquement, dans la mesure du possible, il laisse entrevoir leur réalisation et fait travailler le temps pour lui. Mais quand il n'y a absolument pas d'échappatoire permettant de faire autrement, il amortit un rejet par des paroles aimables, pleines de compréhension (45). Au fond, ce qui a cours, c'est l'opportuniste formule passe-partout permettant de « dire le maximum de oui et le minimum de non », en promettant tout à tous. C'était en tout cas la technique de C. Cotta, le « maître incontesté » en matière de campagne électorale cité plus haut. Il était certain de pouvoir toujours trouver une raison ou un prétexte pour ne pas devoir honorer sa promesse » (47).

De telles « promesses nécessaires » prenaient même en compte la psychologie de l'électorat, estime Cicéron. Dans une campagne électorale axée sur la popularité et la proximité personnelle, ce n'est pas la vérité que l'on voulait entendre, car cela aurait cassé l'ambiance. « Tout le monde est ainsi : on aime mieux un mensonge qu'un refus. » (46).

Les sollicitations dont il est ici question relevaient plus de problèmes personnels que de requêtes purement politiques. Dans la perspective d'aujourd'hui, le plus étonnant dans la campagne électorale romaine est sans doute que Cicéron mette avec insistance le candidat en garde contre le risque qu'il y a à s'engager et à adopter une position politique (53). Un péché mortel pour un acteur de campagne, parce que cela obère dramatiquement ses chances – lors d' « annonces » claires, des groupes électoraux entiers brisaient là. On savait à l'évidence quelle devait être, en principe, l'orientation politique de chacun des candidats, et si, par exemple, dans la future République, ils seraient en faveur d'une politique populaire, appuyée sur les tribuns de la plèbe ou s'ils penchaient plutôt vers le camp des *optimates*. Cependant, ces choix ne débouchaient guère sur des contenus concrets. Il y avait souvent des chevauchements ou bien des changements de position inattendus comme, de nos jours, quand ceux qui se disent de droite sont prêts à « déborder » par leur gauche ceux qui se disent de gauche. Avoir une ligne politique claire était beaucoup moins important que jouir d'une cote personnelle auprès des électeurs, tout en leur faisant croire qu'avec l'autorité, l'intégrité et l'intelligence qui vous caractérisaient « on travaillerait pour leurs intérêts » (53).

Recommandation électorale en faveur de P. Paquius Proculus, car « il l'a mérité» (*dignus est*).

Quant au contenu concret des « avantages espérés » (*commoda*), il devait se retrouver dans le cadre du crédit de confiance impliqué par une élection. Les annonces électorales pompéiennes confirment de façon saisissante cette tendance « apolitique » de la campagne électorale romaine. Avec la formule de rigueur *dignus rei publicae*, « digne de gérer les affaires publiques », on reconnaît au candidat le niveau de compétence requis, découlant de sa personnalité, dans son aptitude à poser les bons jalons pour la *res publica*. Il mérite d'être élu, et c'est pourquoi il sera l'homme de la situation après son élection.

On pourrait imaginer qu'il y ait une concor-
dance logique entre les *dipinti* électoraux
– publicité électorale – et les « objectifs » théo-
riques du *Commentariolum* – programme politique –, mais il n'en est rien ! Une consolation
pour nous, les générations d'après : nous ne
sommes pas les seuls à avancer à tâtons dans
le noir, en ce qui concerne les buts politiques
de chacun des candidats qui se présentaient à
Pompéi pour un poste d'édile ou de duumvir,
et les électeurs pompéiens, il y a 2 000 ans,
n'étaient guère mieux lotis.

À côté de *gratia* (« faveur », « popularité »),
la seconde recette de succès pour la campagne
électorale était de disposer d'un large soutien
de la part du plus grand nombre de partisans
possible dès la campagne elle-même. Celui
qui bénéficie de la confiance du plus grand
nombre, mérite aussi qu'on lui donne sa voix
en toute quiétude : c'est sur ce pari qu'était
axée la campagne. Il convenait donc de réac-
tiver les anciennes relations, d'exiger, pendant
la campagne, de la reconnaissance pour des
bienfaits que l'on avait prodigués à d'autres
(23), de regrouper autour de soi les amis politiques que l'on avait soi-même soutenus lors
d'une élection et, si possible, d'acquérir également des soutiens connus et estimés que l'on
pouvait donner en référence pour juger de sa

propre aptitude à occuper des fonctions publiques (17). Avoir des réseaux d'*amici* politiques était primordial dans une campagne électorale romaine. Le principe d'aide réciproque marchait à fond, même si, de temps à autre, il n'était pas inutile de rappeler à des « amis » un peu trop indolents qu'ils vous devaient encore un service…

Mettre au service de sa propre campagne « des amitiés nombreuses et variées » (29) était une chose. Motiver ses amis pour qu'ils se mobilisent activement et ouvertement en votre faveur en était une autre, compte tenu de l'incertitude des résultats. De simples déclarations d'intention ou des paroles aimables dans des milieux restreints lors d'un festin ou de beuveries nocturnes ne servaient pas à grand-chose ; l'important était la mobilisation en public, le soutien visible et audible, dans des lieux très fréquentés. « Chaque fois que tu apparais en public, conseille Quintus Cicéron à son frère, veille à avoir une garde rapprochée, composée d'hommes issus de toutes les familles en vue, de toutes les classes et de tous âges, cela produit une impression colossale sur la foule » (34).

Le succès appelle le succès – ce slogan valait aussi pour les campagnes électorales romaines. Plus les soutiens que l'on recrutait pour soi-même étaient nombreux et prestigieux, plus on pouvait espérer que les gens simples suivraient ces « exemples ».

La qualité des assistants de campagne était importante, mais aussi leur quantité. Aussi était-il recommandé au candidat de regrouper derrière lui le cercle de soutien le plus grand possible : les membres de son propre district électoral, les voisins et les clients, les affranchis et même les esclaves (car ils avaient, sur la vie de la famille, un certain nombre d'informations internes qui ne devaient pas nécessairement être portées à la connaissance du public) et « les campagnes de ragots » de non-affranchis mécontents ou vindicatifs ne pouvaient guère être avérées, tout en étant pourtant fatales dans leur éventuel effet diffamatoire (17). Pour ne pas alimenter la cuisine aux ragots, il était donc conseillé « d'être gentil et agréable avec ceux qui, en raison d'un motif raisonnable, sont tes amis » (16) et de les inciter à le manifester de la manière la plus médiatique possible.

Ce conseil théorique se retrouve dans la réalité des *dipinti*. Une présence médiatique signifiait à la fois faire partie du beau monde et augmenter ses chances électorales ; en vertu de cet adage, il revenait à l'équipe de campagne d'un candidat de placer sur les façades des annonces électorales aussi nombreuses que

possible, émanant de personnalités particulièrement en vue et les plus représentatives.
Réussir à obtenir un soutien électoral des habitants de son quartier et de ses voisins était le
meilleur moyen de convaincre le public que, là
où l'on était bien connu, on pouvait être considéré comme un candidat valable. Il n'est et
n'était pas si facile de bénéficier de la confiance
de ses voisins les plus proches.

L'ensemble de la ville devait « bénéficier » de
la publicité électorale selon un plan systéma-
tique bien réfléchi (*habeto rationem urbis totius*,
30), recommande le « Petit manuel de campagne
électorale ». Là aussi, les candidats s'avèrent, à
Pompéi, être des élèves qui apprennent vite. La
répartition des *dipinti* électoraux révèle dans la
plupart des cas une planification stratégique
(cf. p. 114 *sq.*), permettant d'éviter éparpille-
ment et perte de diffusion. La publicité électorale se concentrait sur les endroits du territoire
communal qui étaient les plus fréquentés et où
l'on pouvait toucher un maximum d'électeurs.
Il s'agissait essentiellement des grandes voies
d'accès et de dégagement reliant les portes au
centre-ville.

Mais les associations professionnelles
(*collegia*) jouaient aussi un rôle important. On
peut supposer que certains candidats se sont
présentés dans leurs réunions et qu'ils ont

sollicité un soutien politique. La plupart du temps, ils y réussissaient. Alors, les marchands de fruits ou les meuniers, les paysans ou les porteurs de sacs « apposaient des affiches » en faveur du candidat qui avait fait sur eux la meilleure impression (cf. p. 35 *sq.*). En tant que *collegia*, les membres de certaines professions n'apparaissaient pourtant pas officiellement.

La présence constante des candidats auprès des électeurs dans la campagne électorale, leur disponibilité permanente, est exigée avec véhémence par Cicéron (41) – autant que possible avec un abondant cortège qui les escorte lors de leurs apparitions publiques. Car « c'est se tailler une grande réputation et s'assurer un grand prestige » (36). Dans la campagne électorale communale pompéienne, il n'en allait sans doute pas autrement qu'à Rome dans la « grande » politique. Néanmoins, nous devons renoncer ici aux sources secondaires. À leur place intervient en réalité le volumineux matériel de sources primaires constitué par les *dipinti* électoraux; il s'en dégage une stratégie électorale comparable que l'on pourrait formuler comme suit : « Chacun de tes proches […] t'aime et te souhaite la plus grande réussite » (17).

Derrière cette formule passe-partout apparaît le modèle du *dipinto* « *ovf.*, *oro vos faciatis* » :

« Je vous prie de voter pour Untel ». Car il est *dignus rei publicae*, « il est digne de gérer les affaires publiques » – même si, dans la campagne électorale, il s'est comporté de manière plutôt opportuniste en évitant les déclarations politiques concrètes.

Toute ressemblance avec les campagnes électorales modernes serait purement fortuite.

## Être édile l'année de la chute

## La campagne de Helvius Sabinus...

Il se pourrait que ce fût pour Gnaeus Helvius Sabinus une victoire électorale amère, amère parce qu'il avait brigué le poste d'édile justement en l'an 79 après J.-C., lorsque la ville fut ensevelie sous la pluie de cendres de l'éruption du Vésuve. Nous ne savons pas avec certitude s'il a effectivement réussi à franchir le pas et à réaliser ses ambitions pour gagner et devenir titulaire du poste ; car il a dû affronter au moins trois candidats non négligeables. Mais dans le cas où il aurait réussi à s'imposer, son élection aurait bien eu lieu la dernière année de Pompéi. On peut d'ailleurs constater qu'aucune des annonces électorales en sa faveur ne fut recouverte d'une couche de badigeon. Helvius Sabinus a toujours été au « top », au « top » des couches de *dipinti*.

Ses chances étaient bonnes, à en juger par les multiples annonces appelant à élire Sabinus. L'équipe électorale avait fait de l'excellent travail. Nous avons retrouvé plus de 100 *dipinti* en faveur de ce candidat « ornant » les façades pompéiennes, soit presque 4 % de ce qui est conservé, donc 1/25$^e$ des programmes électoraux transmis. Même la répartition des « affiches électorales » était judicieuse comme le montre la carte. Helvius Sabinus était présent dans presque tout le territoire urbain, mais surtout aux nœuds de circulation, là où les annonces pouvaient interpeller un maximum de passants. C'était le cas pour la large via dell'Abbondanza, très convoitée comme « espace publicitaire » par tous les stratèges de campagne électorale, ainsi que pour les autres axes routiers importants qui reliaient les portes de la ville, très fréquentées, au centre-ville.

À lire les slogans, les soutiens de Helvius Sabinus ne se sont pas caractérisés par la créativité de leur engagement. Autrement dit : les annonces électorales en sa faveur étaient tout aussi protocolaires et monotones que la masse des *dipinti* électoraux. La formulation la plus populaire était *Cn Helvium Sabinum aed(ilem) d(ignum) r(ei) p(ublicae) o(ro) v(os) f(aciatis)* : « Gnaeus Helvius Sabinus édile ! Votez donc

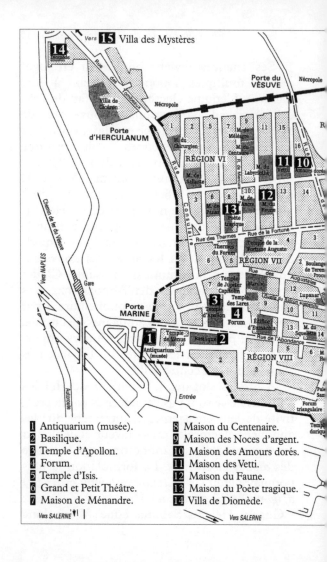

**Vers 15** Villa des Mystères

**14** Diomède

Porte du VÉSUVE

Nécropole

Villa de Cicéron

Porte d'HERCULANUM

Nécropole

Chemin de fer du Vésuve

Vers NAPLES

Gare

1  2  5  7  M. de Méléagre  11  15  R
   M. du                    M. du
   Chirurgien               Centaure
                            16
**RÉGION VI**              M. du        **11**    **10**
                           Labyrinthe   Vetti   Amours dorés
M. de
Sallustre

3  6  8  10  M. de       12  13  14
   M. de  M. de l'Ancre  M. du
   Faun    Poète         Faune      13
           tragique

Rue des Thermes
Thermes          Temple de la
du Forum         Fortune Auguste

Rue de la Fortune        3

**RÉGION VII**           2  Boulangerie
                            de Teren
Rue des                     Proc
Augustales
Temple      Marché      12  Lupanar
de Jupiter              R. du Balcon suspendu
Capitolin   Temple      10  11
            des Lares   9
Temple      Édifice     13  M. du
d'Apollon   d'Eumachia      Squelette  14
**4** Forum
                         Rue de l'Abondance
**1**       Temple       **2**            6   M
            de Vénus     Basilique            Re
Antiquarium
(musée)      1

Porte                    **RÉGION VIII**
MARINE                   2

            3            Pale
                         Sam
Autoroute                Forum
                         triangulaire
Entrée

Temp
dori

**1** Antiquarium (musée).        **8** Maison du Centenaire.
**2** Basilique.                  **9** Maison des Noces d'argent.
**3** Temple d'Apollon.           **10** Maison des Amours dorés.
**4** Forum.                      **11** Maison des Vetti.
**5** Temple d'Isis.              **12** Maison du Faune.
**6** Grand et Petit Théâtre.     **13** Maison du Poète tragique.
**7** Maison de Ménandre.         **14** Villa de Diomède.

Vers SALERNE                      Vers SALERNE

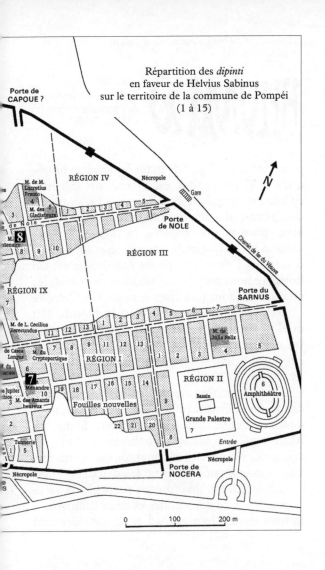

Répartition des *dipinti*
en faveur de Helvius Sabinus
sur le territoire de la commune de Pompéi
(1 à 15)

La forme la plus courte
de l'annonce électorale :
« Helvius édile ! »

pour lui ! Il est digne de gérer les affaires publiques ». C'est ce qui est inscrit sur dix-huit murs. En deuxième position au « hit-parade » des textes de recommandation, on trouve, avec dix-sept occurrences, la même formule sans *drp*. La formule longue est complétée 6 fois par l'ajout *vb* (*virum bonum*, « c'est un honnête homme ! »). Cependant, neuf fois, les soutiens ne font que citer le nom : *Cn Helvium Sabinum*. Manifestement, tout le monde sait quel poste il convoite. À une exception près : un peintre de *dipinti* a tout faux en faisant de celui qui brigue l'édilité un candidat au poste de duumvir (7034).

Deux annonces électorales font de la publicité non seulement pour Helvius Sabinus, mais aussi, en même temps, pour Marcus Samellius Modestus. De telles « coalitions » dans les annonces électorales étaient monnaie courante. Elles laissent supposer que les deux candidats – parfois quatre, quand était proposée la solution globale de deux édiles et deux duumvirs – avaient donné leur accord et se considéraient comme des *amici* politiques, « des amis ». Bien entendu, cela ne voulait pas dire que, dans les faits, ils occupaient tous les deux le poste ou qu'ils échouaient tous les deux. Les électeurs étaient plus sensibles à l'autorité de chacun des candidats qu'à des « listes conjointes » – et ils formaient ensuite éventuellement, au gré des élections, de tout autres « coalitions ».

Le cercle des assistants de campagne de notre candidat était important et diversifié. Donnant un aperçu de la population, il s'avère représentatif des groupes de soutien habituels : personnes seules, familles, associations professionnelles, voisins, quartiers de ville et enfin des femmes qui remplaçaient le droit de vote dont elles avaient été privées par un droit de proposition. Parmi elles, Aegle et Maria, ainsi que deux autres serveuses aguichantes de la taverne d'Asellina. À la différence d'autres candidats (cf. p. 114 et 115), Helvius Sabinus ne redoutait pas qu'un tel soutien, issu du milieu mal famé des tavernes, ait un effet négatif sur les électeurs « bourgeois ». Il serait d'autant plus intéressant de savoir si son « audace » fut récompensée et s'il a effectivement obtenu le poste d'édile l'année de la disparition de sa ville.

164  CN HEL(VIUM) SABIN(UM) AED(ILEM)
     PACUVIUS CUPIDUS ROG(AT)

Gnaeus Helvius Sabinus édile! Pacuvius
demande avec insistance de voter pour
lui.                                    (7595)

165  HELVIUM SABINU(M) AED(ILEM) OVF.
     ASTYLUS CUP(IT)

Helvius Sabinus édile! Astylus le recommande.                                  (7525)

166  HELVIUM SABINUM AED(ILEM) POPIDI
     ROG(ANT)

Helvius Sabinus édile! La famille des
Popidi demande de voter pour lui.       (705)

167  CN HELVIUM SABIN(UM) AED(ILEM) EPIDIUS
     CUM SUIS VOL(T) ET PROBAT

Gnaeus Helvius Sabinus édile! Épidius,
en accord avec sa famille, le souhaite. Il
approuve sa candidature.                (7708)

168  HELVIUM SABINUM AED(ILEM) PARTHOPE
     ET RUFINUS ROG(ANT)

Helvius Sabinus édile! Parthope et Rufinus
demandent de voter pour lui.            (3403)

169　CNAEUM HELVIUM SABINUM AED(ILEM)
　　　D(IGNUM) R(EI) P(UBLICAE) OVF.

Gnaeus Helvius Sabinus édile! Il est digne
de gérer les affaires publiques.　　　(7843)

170　CN HELVIUM SABINUM AED(ILEM) IUVENEM
　　　PROB(UM)

Gnaeus Helvius Sabinus édile! Un jeune
homme intègre!　　　(1145)

171　CN HELVIUM SABINUM OMNI BONO
　　　MERITUM IUVENEM AED(ILEM) D(IGNUM)
　　　R(EI) P(UBLICAE) OVF.

Gnaeus Helvius Sabinus édile! Un jeune
homme tout à fait exceptionnel à tous
égards! Il est digne de gérer les affaires
publiques.　　　(706)

172　CN HELVIUM SABINUM AED(ILEM) PISTORES
　　　ROG(ANT) ET CUPIUNT CUM VICINIS

Gnaeus Helvius Sabinus édile! Les boulangers demandent de voter pour lui. Ils le
souhaitent en accord avec leurs voisins.

(7273)

173  CN HELVIUM SABINUM AED(ILEM) VICINI
     FAC(IUNT)

Gnaeus Helvius Sabinus édile! Les voisins
le font élire.                              (852)

174  CN HELVIUM SABIN(UM) AED(ILEM) OVF.
     URBULANENSES ROG(ANT)

Gnaeus Helvius Sabinus édile! Les habitants de la porte Urbulane demandent de
voter pour lui.                            (7747)

175  CN HELVIUM SABINUM AED(ILEM) ISIACI
     UNIVERSI ROG(ANT)

Gnaeus Helvius Sabinus édile! Les adora-
teurs d'Isis votent pour lui à l'unanimité.
                                            (787)

176  CN HELVIUM SABINUM M SAMELLIUM
     MODES(TUM) AED(ILES) D(IGNOS) R(EI)
     P(UBLICAE) OVF.

Gnaeus Helvius Sabinus et Marcus Samellius Modestus édiles! Ils sont dignes de
gérer les affaires publiques.      (6616, 6627)

177  CN HELVIUM SABINUM AED(ILEM) OVF. L
     CEIUM SECUNDUM IIVIR(UM) OVF. RECEPTA
     NEC SINE THALAMO

Gnaeus Helvius Sabinus édile! Lucius
Ceius Secundus duumvir! Recepta (recommande de voter pour eux), et Thalamus se
joint à elle.                                    (1083)

178  CN HELVIUM SABINUM AED(ILEM)
     D(IGNUM) R(EI) P(UBLICAE) MARIA ROGAT

Gnaeus Helvius Sabinus édile! Maria le
demande. Il est digne de gérer les affaires
publiques.                                       (7866)

179  CN HELVIUM SABINUM AED(ILEM) OVF.
     BALBUS CUPIDUS FECI(T)

Gnaeus Helvius Sabinus édile! Balbus
s'est dépêché d'aller voter pour lui.   (935 b)

« C'est Lucius qui l'a peint… »

Les pros de la publicité

Il n'y avait pas à Pompéi d'agences de publicité professionnelles qui fabriquaient pour le candidat une image au moyen de slogans appropriés. La teneur des inscriptions murales était décidée par les différents assistants de campagne ou par les comités de soutien du candidat. Le plus souvent, des professionnels étaient engagés pour la réalisation technique de la publicité électorale – c'étaient des peintres d'affiches qui travaillaient seuls ou avec une équipe d'assistants.

Le chef de ces petites entreprises était le *scriptor*, ou « rédacteur », très rarement qualifié aussi de *pictor*, « peintre ». Il traçait au pinceau les annonces électorales sous forme de lettres peintes en rouge ou en noir sur les surfaces murales en utilisant des caractères aussi accrocheurs que possible. La teneur et le site de l'inscription avaient certainement été convenus avec les commanditaires. La manière dont il exécutait sa commande relevait pour l'essentiel de ce qu'il appelait sa liberté artistique même si, à cet égard, des accommodements n'étaient pas exclus…

Dans le cadre de telles conventions, il était également stipulé que le *scriptor* pouvait faire de la réclame en son propre nom : une série d'annonces électorales porte l'ajout *scr(ibit)* ou bien *scr(ipsit)* XY, « XY l'écrit », ou bien « l'a écrit ». Sur les vingt-cinq *scriptores* connus nommément, il y en a toutefois plus de la moitié qui ne sont attestés qu'une fois. Si certains d'entre eux n'étaient sans doute que des rédacteurs occasionnels, exerçant là une activité secondaire, pour d'autres, leur apparition unique n'est peut-être due qu'à un hasard de transmission. La modestie ne semble guère avoir été de mise dans ce milieu. Et ceux qui avaient le plus de succès dans ce métier veillaient à ce que leur « logo » apparaisse le plus souvent possible pour faire parler de leur activité et obtenir d'autres commandes.

En effet, Papilio (onze attestations), Hinnulus, Icarinus (chacun sept) et Victor (six) y attachaient beaucoup d'importance. Et ne

parlons pas d'Infantio ou de P. Aemilius Celer.
Ses dix-sept « signatures » montrent combien
Infantio était bon en affaires. Manifestement,
beaucoup de commanditaires se sont adressés
à lui, ou bien il avait suffisamment d'habileté
dans les négociations pour qu'on lui permette
plus souvent qu'aux autres de glisser sa publicité personnelle.

Le roi sans couronne des *scriptores* de
Pompéi reste cependant Publius Aemilius
Celer. Avec dix-huit attestations, il arrive en
tête des cadors de la réclame personnelle. Mais
ce n'est pas seulement sur le plan quantitatif
qu'il se singularise. Sur le plan « qualitatif »
aussi, il attira de temps à autre l'attention sur
lui par des commentaires inhabituels. Dans
un cas, il menace les « vandales » de campagnes électorales – les prédécesseurs de ceux
qui, deux mille ans plus tard, vont déchirer
ou « décorer » les affiches électorales – de
funestes conséquences : dans un autre *dipinto*,
il célèbre avec une ironie désenchantée son
travail nocturne solitaire *scr(ibit) Aemilius
Celer sing(ulus) ad luna(m)* : « C'est Celer qui
l'a peint tout seul au clair de lune » ; 3884).
Aussitôt après, dans le même *dipinto*, il logea
dans l'ouverture d'un grand C un *scr(ibit)
Celer*. Afin que chacun sache où trouver ce
plaisantin doué pour les affaires, resplendissait

sur sa maison un *Aemilius Celer hic habitat*,
« c'est ici qu'habite Aemilius Celer » (3794).

Toutes les attestations ne relèvent pas d'inscriptions électorales. Les peintres n'auraient
pas pu gagner leur vie avec ce seul commerce
saisonnier en début d'année. Les professionnels
vivaient aussi d'autres commandes. Les invita-
tions publiques aux combats de gladiateurs et
autres réjouissances de masse étaient un marché
lucratif. Les « bienfaiteurs » qui finançaient ces
spectacles grand public tenaient à ce que leur
nom apparût en grosses lettres sur les murs
dans le contexte du programme de l'arène. En
même temps, on passait commande de *dipinti*
pour les petites annonces immobilières de loca-
tion et de vente, pour accueillir et acclamer
publiquement des personnalités de haut rang
qui méritaient bien de la ville (souvent avec le
souhait *feliciter*, « bonne chance à... »), et parfois
aussi pour d'autres informations concernant
les personnes privées.

Quand on travaillait en équipe, le *scriptor*
était de toute évidence le responsable. Il inscri-
vait donc son nom beaucoup plus souvent
que celui de ses collaborateurs. Au nombre de
ceux-ci comptait le *dealbator*, le « badigeon-
neur à la chaux », qui nettoyait les murs des
slogans antérieurs et préparait un fond blanc
(*albus*). Les *dipinti* étaient d'habitude placés à

« Échantillons de savoir-faire » de *scriptores* professionnels

une hauteur les préservant des barbouillages
et des commentaires des passants. Le *dealbator*
comme le *scriptor* travaillaient donc souvent sur
une échelle, et celle-ci était, au cas où ces deux
hommes ne s'aidaient pas l'un l'autre, sécu-
risée par un troisième, le *scalarius*, ou « teneur
d'échelle ».

À l'occasion, les « assistants de campagne »
travaillaient de nuit. Il est à se demander si,
comme certains chercheurs le supposent,
c'était la norme. Les attestations de travail
nocturne ne sont pas suffisamment répan-
dues pour être généralisées. C'était certainement opportun, dans les rues très fréquentées,
quand les poseurs de slogans ne se rendaient
pas de jour dans la fébrile cohue humaine,
mais attendaient jusqu'au soir que tout soit

devenu plus calme. Alors il fallait encore au *scriptor* quelqu'un pour éclairer le mur, le *lanternarius* (*lanterna*, « lanterne »). Pour ce travail aussi, on pouvait s'organiser, comme en témoigne l'inscription : « Porte-lanterne, tiens bien l'échelle ! » (n° 188).

Se pourrait-il que parfois un autre collaborateur, qualifié de *adstans*, ait renforcé la troupe des peintres ? C'est peu probable. En effet, le terme *adstans* désigne un individu qui « se tient là debout ». Et Vesbinus, l' « adjoint » immortalisé, n'était pas un assistant, mais un simple flâneur, qui, après avoir regardé avec beaucoup d'intérêt la petite troupe travailler, eut la surprise de voir son nom figurer aussi sur le mur...

180  M CERRINIUM AED(ILEM) OVF. SCR(IBIT)
      FLORILLUS

Marcus Cerrinius édile ! C'est Florillus qui
l'écrit.                                    (803)

181  POPIDIUM SECUNDUM AED(ILEM) OVF.
      DIGNUS EST SCR(IBIT) INF(ANTIO)

Popidius Secundus édile ! Il le mérite. C'est
Infantio qui l'écrit.                       (709)

182  TI(BERIUM) CLAUDIUM VERUM OVF. VICINI
      SCR(IBIT) AEMILIUS CELER

Voisins, votez pour Tiberius Claudius
Verus. C'est Aemilius Celer qui l'écrit.
(3820)

183  L POPIDIUM SECUNDUM AED(ILEM) OVF.
      LOLLIUS SYNHODUS CLIENS ROG(AT)
      SCR(IBIT) PAPILIO

Lucius Popidius Secundus édile ! Son
client Lollius Synhodus demande de voter
pour lui. C'est Papilio qui l'écrit.       (7418)

184   Q POSTUM(IUM) M CERRINIUM AED(ILES)
OVF. EUXINUS ROG(AT) NEC SINE IUSTO
SCR(IBIT) HINNULUS

Quintus Postumius et Marcus Cerrinius
édiles! Euxinus demande de voter pour lui
et Iustus se joint à lui. C'est Hinnulus qui
l'écrit.                                          (9851)

185   Q POSTUMIUM PROCULUM AED(ILEM) DRP
OVF. SCR(IBIT) PORCELLUS

Quintus Postumius Proculus édile! Il est
digne de gérer les affaires publiques. C'est
Porcellus qui l'écrit.                            (9925)

186   LUCIUS PINXIT

C'est Lucius qui l'a peint.                        (7535)

187   (POPIDIO RUFO FELICITER DIGN)US EST
OMNIBUS POMPEIANIS FELICITER SCRIPSIT
INFANTIO

Bonne chance à Popidius Rufus! Il l'a
mérité. Bonne chance à tous les Pompéiens!
C'est Infantio qui l'a écrit.                     (7343)

188    C IULIUM POLYBIUM AED(ILEM)
       V(IIS) A(EDIBUS) S(ACRIS) P(UBLICIS)
       P(ROCURANDIS) LANTERNARI, TENE
       SCALAM!

Votez pour Gaius Julius Polybius comme
édile chargé de la voirie et des bâtiments
civils et religieux! Porte-lanterne, tiens
bien l'échelle!
                                              (7621)

189    M PUPIUM RUFUM IIVIR(UM) I(URE)
       D(ICUNDO) DIGNUM R(EI) P(UBLICAE)
       OVF. MUSTIUS FULLO FACIT ET DEALBAT
       SCR(IBIT) (UN [?])ICUS S(INE [?]) RELIQ(UIS)
       SODALIB(US) NON(IS [?])

Marcus Pupius Rufus duumvir i.d.! Il
est digne de gérer les affaires publiques.
Mustius le foulon vote pour lui et blanchit
le mur à la chaux. Il écrit cela tout seul (?)
sans (?) ses neuf (?) autres compagnons (ou
bien : à la neuvième heure? aux nones?).
                                              (3529)

190  P PAQUIUM PROCULUM IIVIR(UM) VIRUM
B(ONUM) D(IGNUM) R(EI) P(UBLICAE) OVF.
A VETTIUM (CAPRASI)UM FELICEM IIVI-
R(UM) V(IRUM) B(ONUM) D(IGNUM) R(EI)
P(UBLICAE) OVF. DIGNI SUNT Q MARIUM
(RUFUM) M LEPIDUM SABINUM AEDILES
V(IIS) A(EDIBUS) S(ACRIS) P(UBLICIS)
P(ROCURANDIS) DIGNI SUNT S(CRIP)SIT
(OS [?])SIUS DEALBATORE ONESIMO

Publius Paquius Proculus duumvir! C'est
un honnête homme et il est digne de
gérer les affaires publiques. Aulus Vettius
Caprasius Felix duumvir! C'est un honnête
homme et il est digne de gérer les affaires
publiques. Ils l'ont mérité. Votez pour
Quintus Marius Rufus et Marcus Lepidus
Sabinus comme édiles chargés de la voirie
et des bâtiments civils et religieux! Ils l'ont
mérité. C'est Ossius (?) qui l'a écrit, et
c'est Onesimus qui badigeonna le mur à la
chaux.                                    (222)

191  [... ?] SCRIPSIT SECUNDUS DEALBANTE
     VICTORE ADSTANTE VESBINO N

C'est Secundus qui l'a écrit ; Victor badigeonna le mur à la chaux et Vesbinus fut le
témoin de cette opération.          (1190)

192  ... POSTUMIUM AED(ILEM) SCR(IBIT)
     INFANTIO INFRA SCRIBENTE PARENTE II...

(Votez) pour Postumius comme édile !
C'est Infantio qui l'écrit ; Parens écrit en
dessous (le texte s'interrompt, le chiffre II
ne correspond à rien).              (984)

193  A SUETTIUM CERTUM AED(ILEM) OVF.
     SCRIBIT PARIS IDEM ROGAT

Aulus Suettius Certus édile ! C'est Paris qui
l'écrit, et c'est aussi lui qui le demande.

                                    (821)

194  CERTIMELES, SCRIBIS VA(LE) !

Certimeles, tu écris. Porte-toi bien !  (7186)

195   L STATIUM RECEPTUM IIVIR(UM) I(URE)
      D(ICUNDO) OVF. VICINI DIG(NUS EST)
      SCR(IBIT) AEMILIUS CELER VIC(INUS)
      INVIDIOSE QUI DELES AEGROTES

Lucius Statius Receptus duumvir i.d.!
Voisins, votez pour lui! Il le mérite. C'est
Aemililus Celer qui l'écrit, et qui, lui aussi,
est un voisin. « Va donc, gros jaloux, si tu
sabotes mon travail, que la peste t'emporte ! ».                          (3775)

# Lexique

## de l'édition française[*]

Consulat / Consul. Né immédiatement après la chute de la royauté à Rome, le consulat est la plus importante des magistratures. Elle est collégiale et annuelle. Sous la République, les consuls, élus par les comices centuriates, représentent l'État et disposent des pouvoirs civils et militaires. Sous l'Empire, les consuls sont élus au sein du Sénat sur désignation ou recommandation de l'empereur.

Décurionat / Décurion. Originairement, le décurionat représentait $1/10^e$ des citoyens d'une colonie. Le terme est employé dans le registre militaire pour qualifier le commandant d'une turme de cavalerie. Il désigne surtout les

---

* Par Alexandre Marcinkowski.

membres des assemblées locales (curies) des cités sur le modèle du Sénat romain. Sous la République, le décurionat est composé d'anciens magistrats et de citoyens ayant un niveau de fortune suffisant. Il émet des décrets votés à la majorité absolue ou des deux tiers et veille aux dépenses et recettes de la cité

Duumvirat / Duumvir. Le *duumvir* est un magistrat qui appartient à un collège de deux personnes. La fonction de ce magistrat municipal, issu de l'ordre des décurions, équivaut à celle de l'édile sous la République. À Pompéi, les *duoviri iure dicundo* (les duumvirs pour dire le droit) sont les seuls habilités à gérer la politique municipale et ses finances. Ils empiètent même sur les prérogatives des édiles. Tous les cinq ans, ils reçoivent la *potestas* (pouvoir ne concernant que les charges civiles) des mains des censeurs pour mener à bien les opérations de recensement.

Curie. Dans la Rome républicaine, la curie désigne le lieu de réunion du sénat sur le forum et par extension, dans les colonies et municipes, le nom s'applique au conseil municipal.

Édilité / Édile. À Rome, l'édilité est la principale magistrature inférieure à fonction administrative et juridictionnelle. Les édiles (édiles de la plèbe; édiles curules [patriciens] ; édiles des céréales sous César) ont en charge l'entretien des temples et des rues, l'organisation des jeux publics; ils veillent aussi à la surveillance des marchés, de l'approvisionnement comme à la distribution des céréales; ils disposent enfin de pouvoirs de police. Comme à Rome, les édiles pompéiens traitent des questions de voirie, de marché, d'entretien des bâtiments publics et religieux et peuvent intervenir en tant que magistrats de la police urbaine et rurale.

Tribun de la plèbe. Selon la tradition, les tribuns de la plèbe furent crées pour défendre la plèbe et contrer les intérêts du patriciat. Leur pouvoir est uniquement civil et religieux et ils peuvent s'opposer à toute décision d'un autre magistrat par leur droit de véto (à l'exception du dictateur). Sous l'Empire, les tribuns de la plèbe ne jouent plus qu'un rôle administratif d'aide aux citoyens, l'empereur s'étant arrogé leur sacro-sainteté et leur puissance tribunitienne.

*Optimates.* Les *optimates* (les « meilleurs ») et les *populares* (les « populaires ») sont des factions qui, sous la Rome républicaine, ne partagent pas la même vision politique de la *res publica* (la « chose publique »). Les *populares* proposent des programmes politiques et juridiques visant à améliorer le statut et la vie du citoyen de condition modeste, d'être à l'écoute des revendications populaires. Cette faction compta dans ses rangs des « révolutionnaires » tels les Gracques ou l'ambitieux Jules César. Quant aux *optimates*, ils restent les partisans de la petite et de la haute noblesses et restent favorables au maintien des structures traditionnelles de la vie politique.

Sénat / Sénateur. Existant dès la période royale, le sénat romain a évolué sous la République puis sous l'Empire. Réservé initialement aux patriciens, cette assemblée d'anciens magistrats s'est ouverte aux plébéiens et aux chevaliers. Ses membres siègent à la curie et émettent des avis (sénatus-consultes) généralement suivis. Pour être sénateur sous la République, il convient de disposer d'un cens de 400 000 sesterces, seuil qu'Auguste portera à 1 million de sesterces. Le Sénat a autorité sur la ratification des lois votées, contrôle les mœurs des citoyens et les manifestations religieuses, conduit la politique étrangère et les affaires militaires. Sous le Haut-Empire, il perd une partie de ses compétences propres au profit de l'empereur.

# Indications bibliographiques

Les *dipinti* sont cités d'après *CIL* IV (*Corpus Inscriptionum Latinarum*, vol. 4, éd. C. Zangemeister, 1871 ; suppl. 2, éd. A. Mau 1909 ; suppl. 3, fasc. 1-4, éd. M. Della Corte / F. Weber / P. Ciprotti, 1952, 1955, 1963, 1970).

BAUERLE, E., *Procuring an Election : Ambitus in the Roman Republic 432-49 B. C.*, Michigan, 1990

CASTRÉN, P., *Ordo populusque Pompeianus. Polity and society in Roman Pompeii*, Rome, 1975.

COARELLI, F., *Archäologischer Führer Pompeji*, Munich 2002.

COOLEY, A.E. / COOLEY, M.G.L., *Pompeii. A Sourcebook*, Londres/New York, 2004.

DELLA CORTE, M., *Case ed abitanti di Pompei*, Naples, 1965³.

DE MARCHI, A., "Gli 'scriptores' nei proclami elettorali di Pompei", *Rendiconti Istituto Lombardo di scienze e lettere*, 19, 1916, 66-73.

DICKMANN, J.-A., *Pompeji. Archäologie und Geschichte*, Munich, 2005.

DOSI, A., *Cosi votavano i Romani. Il sistema elettorale*, Rome, 2004.

ÉTIENNE, R., *La Vie quotidienne à Pompéi*, Paris, 1966².

FRANKLIN, J.L., *Pompeii. The electoral programmata, campaigns and politics. A.D. 71-79*, Rome, 1980.

—, *Pompeis difficile est. Studies in the political life of Imperial Pompeii*, Ann Arbor, 1999.

GEHRKE, H.-J., "Zur Gemeindeverfassung von Pompeji", *Hermes*, 111, 1983, 471-490.

GEIST, H., *Pompeianische Wandinschriften und Verwandtes*, Munich, 1960².

JEHNE, M. (éd.), *Demokratie in Rom ? Die Rolle des Volkes in der Politik der römischen Republik*, Stuttgart, 1995.

JONGMAN, W.M., "M. Obellius M.f. Firmus, Pompeian duovir", *Talanta*, 10/11, 1978/1979, 62-65.

KRENKEL, W., *Pompejanische Inschriften*, Leipzig, 1963.

KRUSCHWITZ, P., "Römische Werbeinschriften", *Gymnasium*, 106, 1999, 231-253.

LASER, G., "Klientelen und Wahlkampf im Spiegel des *Commentariolum petitionis*", *Göttinger Forum für Altertumswissenschaft*, 2, 1992, 179-192.

LASER, G. (éd.), *Quintus Tullius Cicero. Commentariolum petitionis*, Darmstadt, 2001.

LAURENCE, R., *Roman Pompeii. Space and Society*, Londres, 1994.

MOURITSEN, H., *Elections, magistrates, and municipal elite. Studies in Pompeian epigraphy*, Rome, 1988.

NARDO, D., *Il Commentariolum petitionis. La propaganda elettorale nella « Ars » di Quinto Cicerone*, Padoue, 1970.

ONORATO, G.O., *Iscrizioni pompeiane. La vita pubblica*, Florence, 1957.

RICHARDSON, J.S., "The *Commentariolum petitionis*", *Historia*, 20, 1971, 436-442.

SAVUNEN, L., "Women and elections in Pompeii", in Hawley, R. / Levick, B. (éd.), *Women in Antiquity. New assessments*, Londres/New York, 1995, 194-206.

—, *Women in the urban texture of Pompeii*, Helsinki, 1997.

STACCIOLI, R.A., *Manifesti elettorali nell'antica Pompei*, Milan, 1992.

STAVELEY, E., *Greek and Roman Voting and Elections*, Londres, 1972.

URBAN, R., "Wahlkampf im spätrepublickanischen Rom : Der Kampf um das Konsulat", *Geschichte in Wissenschaft und Unterricht*, 10, 1983, 607-622.

WALLACE, R.E., *An Introduction to Wall Inscriptions from Pompeii and Herculaneum*, Wauconda, 2005.

WEBER, V., "Wahlinschriften und Wahlen im späten römischen Pompeji", *in* M. Kunze (Hg.), *Pompeji 79-1979*, Stendal, 1982, 77-84.

WEEBER, K.-W., *Decius war hier. Das Beste aus der römischen Graffiti-Szene*, Düsseldorf, 2007[4].

WILL, É., "Women in Pompeii", *Archaeology*, 32, 1979, 34-43.

WILLEMS, H., *Les Élections municipales à Pompéi*, Paris, 1887 (reprint Amsterdam, 1969).

YAKOBSON, A., *Elections and Electioneering in Rome. A study in the Political System of the Late Republic*, Stuttgart 1999.

# Complément bibliographique
## à l'édition française[*]

Ce complément bibliographique d'ouvrages majoritairement en langue française se veut être à la fois utile pour le lecteur curieux et précis pour un public plus motivé voulant aller plus loin dans la recherche.

La question générale des institutions romaine a été traitée par Th. MOMMSEN, *Le droit public romain*, Paris, 1889-1894 (éd. all. 1887-1888[3]), 8 volumes consultables sur www.mediterranee-antique.info, manuel ancien mais toujours fondamental que l'on complétera par des travaux plus récents et notamment par la synthèse d'É. DENIAUX, *Rome, de la Cité-État à l'Empire. Institutions et vie politique*, Paris, 2001

---

[*] Par Alexandre Marcinkowski.

et particulièrement le chapitre sur les campagnes électorales dans la Rome républicaine. Pour tous ceux que les divers documents historiques intéressent, on ne peut que renvoyer au vaste choix du recueil sur le fonctionnement des institutions de l'Antiquité de Fr. JACQUES, *Les cités de l'Occident romain*, Paris, 1990. Le vote du peuple romain, de la République à l'Empire, a été examiné par V. HOLLARD, *Le rituel du vote. Les assemblées du peuple romain*, Paris, 2010. Signalons surtout le *vademecum* du parfait candidat dans la Rome tardo-républicaine avec le texte fameux du *Commentariolum petitionis*, c'est-à-dire le « manuel de campagne électorale » écrit par Quintus Cicéron à l'intention de son frère Marcus (CICÉRON, *Correspondance*, tome I, Collection des Universités de France).

Sur la citoyenneté romaine, on lira avec profit l'ouvrage de Cl. NICOLET, *Le métier de citoyen dans la Rome républicaine*, Paris, 1976, qui donne une bonne idée de la participation politique du *civis romanum* que l'on complétera pour la partie impériale avec E. CIZEK, *Mentalités et institutions politiques romaines*, Paris, 1990. M. CÉBEILLAC-GERVASONI s'est penchée sur les modalités et les rythmes de la municipalisation de l'Italie, sur le fonctionnement des candidatures des magistrats municipaux, dans *Les magistrats des cités italiennes de la Seconde Guerre punique à Auguste. Le Latium et la Campanie*, Rome, 1998. Le rôle des élites locales italiennes a été examiné il y a peu sous la direction de M. CÉBEILLAC-GERVASONI, *Les élites municipales de l'Italie péninsulaire de la mort de César à la mort de Domitien*, Rome, 2000. On y trouvera des articles en langue étrangère concernant Pompéi. Sur la question de la carrière sénatoriale, on consultera A. CHASTAGNOL, *Le sénat romain à l'époque impériale. Recherches sur la composition de l'Assemblée et le statut de ses membres*, Paris, 1992, ou sur l'ordre équestre, S. DEMOUGIN, *L'ordre équestre sous les Julio-Claudiens*, Rome, 1988.

Le rapport entre liberté et municipe est étudié par Fr. JACQUES, *Le privilège de liberté. Politique impériale et autonomie municipale dans les cités de l'Occident romain*, Rome, 1984. Quant à la notion de *patronus* et les liens de clientélisme, on renverra aux études de J.-M. DAVID, *Le patronat judiciaire au dernier siècle de la République romaine*, Rome, 1992 et d'É. DENIAUX, *Clientèles et pouvoir à l'époque de Cicéron*, Rome, 1993. Pour tout ce qui concerne les associations, on se reportera au travail de N. TRAN, *Les membres des associations romaines. Le rang social des* collegiati *en Italie et en Gaules sous le Haut-Empire*, Rome, 2006.

Sur l'éruption du Vésuve et la destruction de
la cité, on évoquera les deux lettres historiques
de Pline le Jeune à l'historien Tacite narrant la
mort de son oncle, Pline l'Ancien, alors amiral
de l'escadre à Misène portant secours aux sinis-
trés (*Lettres* VI, 16 et 20, Paris, Collection des
Universités de France), tout comme on renverra
au roman de Sir Edward BULWER-LYTTON, *Les
derniers jours de Pompéi*, publié aux Belles Lettres ;
Signalons l'article de J. ANDREAU, « Histoire des
séismes et histoire économique : le tremblement
de terre de Pompéi (62 apr. J.-C.) », *Annales.
Économie, Société, Civilisation*, XXVIII, 1973,
p. 395-399. Il existe un guide archéologique de
Pompéi traduit de l'italien dans une nouvelle
édition : S. NAPPO, *Pompéi. Guide de la cité antique*,
Paris, (1999) 2005. On consultera aussi le petit
ouvrage très illustré de R. ÉTIENNE, *Pompéi, la
cité ensevelie*, Paris, 1987 que l'on complétera, du
même auteur avec *La vie quotidienne à Pompéi*[2],
Paris, (1966) 1977, repris sous le titre *Pompéi*[5],
Paris, 1998 (ajout bibliographique et *addenda*).
Pour les jeunes lecteurs de 8 ans et plus, le
petit livre illustré de la spécialiste de la peinture
murale A. BARBET, *Conte-moi Pompéi*, Bordeaux,
2005, est une excellente initiation à la décou-
verte de la cité sous une forme dialoguée.

Sur le *garum*, les producteurs et les desti-
nataires de cette sauce à base de poissons

fermentés, on lira l'article de R. ÉTIENNE &
Fr. MAYET, « Le *garum* à Pompéi : production
et commerce », *Revue des Études Anciennes*
(Bordeaux), 100, 1998, p. 199-215.

Pour les graffites littéraires de Pompéi,
citons les ouvrages en langue étrangère de
H.H. TANZER, *The common people of Pompei.
A study of the graffiti*, Baltimore, 1938 et de
M. GIGANTE, *Civiltà delle forme letterarie nell'antica Pompei*, Naples, 1979.

La vie religieuse a fait l'objet d'études
récentes approfondissant ou renouvelant les
notions de culte privé et de culte public. Sur
ce point, on lira les travaux de M.-O. LAFORGE,
*La religion privée à Pompéi*, Centre Jean Bérard,
Naples, 2009 et W. VAN ANDRINGA, *Quotidien
des dieux et des hommes. La vie religieuse dans
les cités du Vésuve à l'époque romaine*, Rome,
2009.

On ne saurait conclure ce complément
bibliographique sans omettre l'art et la peinture pompéienne. Nous retiendrons quelques
ouvrages richement illustrés tels A. BARBET,
*Les cités enfouies du Vésuve. Pompéi, Herculanum,
Stabies et autres lieux*, Paris, 1999 ; G. CERULLI
IRELLI *et alii*, *La peinture de Pompéi*, 2 vol., Paris,
1993 ; F. COARELLI (éd.), *Pompéi, la vie ensevelie*,
Paris, 2002 ; G. SAURON, *La grande fresque de la
villa des Mystères à Pompéi*, Paris, 1998.

# Liste des passages cités

| CIL IV | Weeber | CIL IV | Weeber |
|--------|--------|--------|--------|
| 97 | 27 | 635 | 161 |
| 103 | 23 | 673 | 50 |
| 113 | 28 | 677 | 39 |
| 117 | 27 | 694 | 52 |
| 123 | 128 | 698 | 53 |
| 128 | 11 | 702 | 136 |
| 149 | 16 | 705 | 166 |
| 158 | 132 | 706 | 171 |
| 174 | 129 | 709 | 181 |
| 183 | 107 | 720 | 144 |
| 193 | 7 | 783 | 13 |
| 202 | 19 | 787 | 88 ; 175 |
| 221 | 82 | 803 | 180 |
| 222 | 190 | 821 | 193 |
| 241 | 26 | 822 | 113 |

| CIL IV | Weeber | CIL IV | Weeber |
|--------|--------|--------|--------|
| 246 | 101 | 826 | 42 |
| 274 | 29 | 852 | 6 ; 173 |
| 275 | 51 | 858 | 122 |
| 290 | 134 | 864 | 36 |
| 309 | 140 | 913 | 70 |
| 336 | 44 | 935b | 179 |
| 343 | 59 | 943 | 141 |
| 368 | 54 | 951 | 37 |
| 373 | 43 | 968 | 138 |
| 427 | 152 | 984 | 192 |
| 429 | 154 | 1012 | 142 |
| 443 | 1 | 1032 | 156 |
| 457 | 55 | 1041 | 76 |
| 460 | 135 | 1045 | 96 |
| 470 | 12 | 1048 | 45 |
| 490 | 24 | 1053 | 64 |
| 499 | 131 | 1059 | 89 |
| 601 | 22 | 1068 | 104 |
| 1071 | 106 | 7261 | 18 |
| 1083 | 66 ; 177 | 7279 | 78 |
| 1146 | 170 | 7288 | 60 |
| 1146 | 90 | 7291 | 61 |
| 1147 | 109 | 7295 | 62 |
| 1190 | 191 | 7343 | 187 |
| 2974 | 120 | 7389 | 102 |

| *CIL* IV | Weeber | *CIL* IV | Weeber |
|---|---|---|---|
| 3403 | 168 | 7418 | 183 |
| 3409 | 163 | 7443 | 124 |
| 3423 | 20 | 7460 | 150 |
| 3460 | 4 | 7464 | 65 |
| 3463 | 139 | 7469 | 69 |
| 3471 | 148 | 7473 | 33 |
| 3478 | 31 | 7490 | 80 |
| 3483 | 21 | 7517 | 114 |
| 3516 | 130 | 7525 | 165 |
| 3527 | 67 | 7531 | 111 |
| 3529 | 189 | 7542 | 75 |
| 3666 | 3 | 7576 | 93 |
| 3674 | 85 | 7558 | 116 |
| 3678 | 72 ; 153 | 7579 | 94 |
| 3702 | 159 | 7584 | 95 |
| 3741 | 147 | 7585 | 92 |
| 3775 | 195 | 7595 | 163 |
| 3820 | 182 | 7605 | 81 |
| 3885 | 103 | 7619 | 118 |
| 6438 d | 49 | 7621 | 188 |
| 6610 | 63 | 7632 | 125 |
| 6616 | 178 | 7636 | 105 |
| 6625 | 10 | 7649 | 123 |
| 6627 | 176 | 7650 | 115 |
| 6668 | 149 | 7668 | 119 |

| *CIL* IV | Weeber | *CIL* IV | Weeber |
|----------|----------|----------|----------|
| 6672 | 25 | 7669 | 71 |
| 7143 | 145 | 7684 | 146 |
| 7164 | 32 | 7685 | 79 |
| 7186 | 194 | 7694 | 124 |
| 7187 | 158 | 7706 | 15 |
| 7197 | 58 | 7707 | 121 |
| 7219 | 157 | 7733 | 162 |
| 7231 | 86 | 7747 | 14 ; 174 |
| 7273 | 41 ; 172 | 7749 | 56 |
| 7791 | 91 | 7910 | 127 |
| 7794 | 117 | 7925 | 8 |
| 7809 | 34 | 7927 | 5 |
| 7812 | 35 | 7974 | 133 |
| 7819 | 108 | 9832 | 151 |
| 7841 | 73 | 9851 | 154 |
| 7843 | 169 | 9860 | 57 |
| 7862 | 47 | 9869 | 137 |
| 7863 | 46 | 9885 | 110 |
| 7864 | 74 | 9918 | 97 |
| 7866 | 178 | 9919 | 84 |
| 7873 | 48 | 9925 | 185 |
| 7900 | 87 | 9939 | 160 |
| 7909 | 112 | | |

# Références des illustrations

Pages 16, 31, 85 : Werner Krenkel, *Pompejanische Inschriften*, Leipzig, 1963², p. 20, 87, 94.

P. 23, 33, 107 : Rex E. Wallace, *An Introduction to Wall Inscriptions from Pompeii and Herculaneum*, Wauconda, 2005, p. 105, 107.

P. 46, 75, 118 : *Manifesti elettorali nell'antica Pompei*, a cura di Romolo Augusto Staccioli, Milan, 1992, planche 2.

P. 116-117 : DR.

P. 128 : document photographique provenant de la collection personnelle de l'auteur.

# Table des matières

*Ce volume,*
*publié aux Éditions Les Belles Lettres,*
*a été achevé d'imprimer*
*en août 2011*
*par l'imprimerie SEPEC*
*01960 Peronnas – France*

*N° d'éditeur : 7258*
*N° d'imprimeur : 05425110792*
*Dépôt légal : septembre 2011*
*Imprimé en France*